imaginist

想象另一种可能

理
想
国
imaginist

John Kaag

[美] 约翰·卡格 著

刘漪 译

攀登尼采

Hiking with Nietzsche:
On Becoming Who You Are

回归自我的
心灵之旅

民主与建设出版社

·北京·

致卡罗尔和贝卡

绝大多数人，羊群一样的人，从未尝过孤独的滋味。

他们离开父母，就马上爬到一个妻子身旁，

安静地屈服于新的舒适和新的牵绊。

他们从不独自一人。

他们从不与他们自己交谈。

——赫尔曼·黑塞

《查拉图斯特拉归来》，1919

目 录

第三部分

序言　母山

去为你自己设定目标，去选择那些高贵而遥远的目标，然后死于对它们的追求中！我不知道有哪种人生的目的，能比至死追寻伟大而遥不可及的事物更好了。

——弗里德里希·尼采 1873 年的笔记

登上科尔瓦奇峰花了我 6 个小时。这就是弗里德里希·尼采的山了。早晨萦绕在山间的夏日岚霭此时已尽散，于是下方一英里的山麓地带全都一览无遗。我在一块已被侵蚀得十分陈旧的花岗岩石板上驻足休息，打量着自己已经走了多远。有那么一刻，我的目光投向了位于科尔瓦奇峰脚下波光粼粼的锡尔斯湖，横跨整个山谷的湖面如蓝宝石制成的镜子一般，让在我看来已经雄伟得无以名状的山景又添了一倍纵深。继而最后的云雾也消散了，东南方的伯尔尼纳峰出现在眼前。事实上，我也并没有走得太远。伯尔尼纳峰是东阿尔卑斯山区的第二高峰，也是科尔瓦奇峰的"母山"，一条南北走向山脉的最高点，将两条巨大的冰蚀河谷从中切开。当 28 岁的约翰·科茨在 1850 年第一次登上其峰顶时，曾这样写道："我们的心被严肃的念头占据了。大家纷纷用贪婪的目光打量着从脚下直到遥远地平线处的土地，身旁环绕着成千上万的，像是从一片光芒闪烁的冰海中拔地而起的山峰。身处如此雄壮巍峨的群山世界，我们的内心充满惊异和敬畏。"

那年我19岁。"母山"对我来说有种特别的魅力。无论远近，"母山"都是某个山脉中的最高峰，是其所有地质学上"子女"的发源之处。我被吸引到了阿尔卑斯山脉处的锡尔斯－马利亚村，在其智识生涯的大部分时光里，尼采都以这个瑞士小村庄为家。一连几天，我在他19世纪末遍踏过的山间游荡，接下来，同样是沿着尼采的步伐，我开始去寻找一座母山。11320英尺高的科尔瓦奇峰在它的子女们——环绕着锡尔斯－马利亚村的群山身上投下了一道阴影。山谷对面则矗立着伯尔尼纳峰。再往西边300英里处，与伯尔尼纳峰遥遥相望的，它的母山勃朗峰，则位于这"雄伟的群山世界"的法国边界上。再远处——遥远到了荒诞的程度，遗世独立而又无处不在的，则是珠穆朗玛峰，几乎有它法国"孩子"的两倍高。科尔瓦奇峰、伯尔尼纳峰、勃朗峰、珠穆朗玛峰——对大多数旅人来说，追寻母山的道路都长得难以忍受。

尼采在他一生的大多数时间里，都在追求最高境界，始终致力于征服物理上和哲学上新的疆土。"瞧，"他向我们示意，"我来告诉你们何为超人（Übermensch）。""超人"是一种高于人之上的理想，是一个个体可以朝向其努力的高度，至今，这一理念仍在启发着无数读者。在许多年里，我都认为"超人"传达的是这样一个明确的信息：成为更好的人，到达更高的位置。自由的精灵、自我的征服者、拒绝墨守成规者——尼采的存在主义英雄既令人向往也令人畏惧。"超人"促使我们去想象另一

攀登尼采

个可能的自己，这个自己超越了现代生活中两种悄然统治着我们的力量：社会成俗和自我设限。超越了稳定而不可阻挡的庸常生活，超越了与日常追求如影随形的焦虑和压抑，超越了那些使我们不得自由的恐惧和自我怀疑。

有人会轻蔑地将尼采哲学贬斥为"中二病"——某种自大妄想的产物，或许适合于幼稚而以自我为中心的青春期，但成年之后还是摆脱它为好。而且也的确如此，许多读者都是在他们即将成年的时候受到了这位"好欧洲人"的鼓舞。然而，尼采的某些教导，却是年轻人无法领会的。实际上，这些年来我慢慢开始觉得，他的作品尤为适合那些开始进入中年的人阅读。19 岁时登上科尔瓦奇峰顶的我，全然不知这个世界可以有多么乏味。在山谷中停下脚步，满足于平庸是多么轻松惬意，而时刻对生命保持警醒又是何等困难。在 36 岁这年，我才刚刚开始懂得这些。

做一个负责任的成年人意味着很多事情，其中之一就是经常要接受现实生活与自己曾经有过的——或许现在还有的——期待和潜能相去甚远的事实。我们成了自己一直在避免成为的那种人。人到中年，"超人"变成了一种残存的许诺，一种希冀，让我们感到似乎仍然存在改变的可能。尼采的"超人"——或者应该说是他的整个哲学思想——并不只是抽象的理念，它无法在舒适的家中或是扶手椅上实践。它要求我们的身体站起来，活动活动筋骨，然后出发。根据尼采的说法，这个转变发生在"对正在迫近的冒险犯难之举、再度敞开的襟怀之海、重新被允许渴望企及并可以对其坚信不疑的目标有所感悟和预知"之时。

本书就是关于"重新被允许渴望企及"的，是我与尼采一起远足到了成年。当我第一次登上科尔瓦奇峰时，我以为远行的唯一目的就是向高处攀登，去云层之上领略开阔明朗的空气。但多年以后，我的头发开始变得灰白时，我才领会到这可能不是远足的唯一意义，也可能不是生活的唯一意义。诚然，人攀登得越高，视野就越开阔，但也不要忘记，无论站得多高，总有地平线以外的地方，那是你视线所不能及的。

随着年龄的增长，尼采的"超人"于我愈发切近，也愈发令我迷惑了。究竟要攀登到多高才够高？我应该去注视什么，或者更确切地说，应该去追寻什么呢？我脚上的水泡，自我超越的痛苦，这一切的意义何在？我是如何到达这座山的山顶的？我应该满足于征服了这座山峰吗？在尼采30岁出头的时候，他建议道："让年轻的灵魂带着这样的问题回顾自己的生命历程，迄今为止你真正爱过什么，是什么使你的灵魂飞扬？"归根结底，这才是最该问的问题。"超人"的目标——年岁的增长也与之同理，并不是要达到某个确定的目的地，或是找到某个永久地看得见风景的房间。

当你远足时，你就是在融入山中。有时你脚下会打滑，向前踉跄几步；有时你失去平衡，狼狈后退。这是一个关于努力找到正确姿势的故事，一个努力使当前的自我进入某种尚未达到但可以达到，只是在目前还是视线之外境界中的故事。在这个故事中，就连打滑和踉跄也可以是富有教益的。事情发生的地方不是峰顶，而是在向峰顶攀登的路上。你有机会——用尼采的话来说——去"成为你自己"。

　　　　　　　　　　　　　　　　攀登尼采

第一部分

旅程的开始

只部分达到理性自由的人，在大地上除了感觉自己是一个漫游者之外，不会有别的感觉——但并非是一个走向最终目标的旅行者，因为不存在最终目标。

——弗里德里希·尼采，《人性的，太人性的》，1878

我经常告诉学生说，是哲学救了我的命。这是真的。但在初访锡尔斯－马利亚的时候（我是在前往科尔瓦奇峰的路上经过那里的），哲学却差点要了我的命。当时是 1999 年，我正在写一篇研究论文，探讨尼采与和他同时代的美国人拉尔夫·沃尔多·爱默生著作中讲述的天才、精神失常以及审美经验。将满 20 岁的我，之前一直在家乡过着被呵护备至的生活，几乎从未踏出过宾夕法尼亚州中部的无形围墙，于是我的指导老师就特意做了一些行政上的安排，设法让我逃离温馨的枷锁。在我大三学年结束的时候，他递给我一个空白信封，里面装着一张 3000 美元的支票。"你应该去巴塞尔。"他建议道，心里很可能清楚我不会在那里久居。

巴塞尔是尼采生命中的转折点——之前他只是一个传统意义上的学者，过着与其他学者没什么两样的惯常生活，但在去了巴塞尔之后，他就变得越来越离经叛道，成了欧洲独一无二的哲学家式的诗人。他于 1869 年作为巴塞尔大学最年轻的终身教员来到这个城市。在接下来的几年里，他将写出他的第一部著作《悲剧的诞生》，并在其中提出这样的观点：悲剧之所以吸引人，是因为它可以调和人类本性中固有的两种矛盾冲动：一是对秩序的欲求，二是古怪却又不容否认的对混乱的渴望。未满 20 岁的我刚来到巴塞尔时，不由自主地认为，是前一种冲动——尼采称之为"阿波罗式"的，对稳定和理性的狂热追求——在现代社会占了上风。

巴塞尔的火车站堪称"瑞士精确性"的典范。仪容美丽、精心打扮的人们，轻盈地穿过车站壮观的中庭，登上永远不会误点的列车。街道对面矗立着一座巨大的圆柱形摩天大楼，那是全世界最具权力的金融组织国际清算银行（BIS）的总部所在地。我走出车站，在银行外边吃早餐的时候，刚好看到一大群西装革履的"阿波罗"拥进银行大门，准备开始工作。"受教育阶层，"尼采解释道，"正在被一个分外可鄙的金钱经济裹挟着往前走。"现代资本主义社会的生活虽然承诺丰厚的物质回报，但前景却惨淡荒凉："世界从未像今天一样世俗过，世界上的爱与善也从未如此缺乏过。"

根据尼采的观点，爱与善并不会在规行矩步的严密秩序中实现，而是要到它的反面——狄奥尼索斯式的狂欢中去寻求。他在巴塞尔本应过着快乐而井井有条的生活，从事智力活动，并且在高雅阶层的圈子里交游。但甫一到达这个城市，他便迅速与浪漫主义作曲家理查德·瓦格纳交上了朋友，于是那种正常生活就走到了尽头。他在巴塞尔大学教授的是古典语言学，

　　　　　　　　　　　　　　　攀登尼采

研究语言和词语的原初含义，一种看上去完全无害的学问。但是与他更为保守的同僚不同，尼采深知在这类理论上的考古挖掘，可能蕴含着多么激进的颠覆性力量。在《悲剧的诞生》中，他宣称西方文化尽管堂皇而精美，却是构筑在很久以前由狄奥尼索斯亲手规划的地基之上的。在尼采和瓦格纳友谊的早期阶段，他们共同致力于挖掘这个地基，使其重见光明。

狄奥尼索斯似乎不住在巴塞尔。荷马称他出生在远离西方文明世界的地方——"靠近埃及的河流"。他是希腊诸神中无法无天的野孩子，阿波罗试图约束他的努力均告失败。他还有一个别名"解除束缚者"（Eleutherios），这位粗野不羁的美酒与寻欢作乐之神经常被刻画为漫游在山丘之间，与他的养父、整日醉醺醺的贤哲萨梯西勒努斯为伴。用"漫游"这个词形容他的行径还严肃了点，一个更准确的表述可能是"到处浪"——在城市边界之外的树林里一路走，一路狂舞滥交。

瓦格纳年长尼采 30 岁，与尼采的父亲同年。尼采的父亲是一位虔诚的路德教徒，在尼采 5 岁时死于"大脑软化症"（a softening of the brain）。不过瓦格纳身上可没有一点"软化"或死亡的影子。瓦格纳的中期作品是"狂飙突进"的代表，而这令尼采倾倒。瓦格纳和尼采都深深鄙夷小资产阶级市民文化的兴起，这种文化认为，最好的生活是一种轻松、平淡、准时、循规蹈矩且不越雷池一步的生活。在巴塞尔，无论当时还是现在，"谋生"都是件简单的事情：一个人上学，工作，挣些钱，买些东西，去度假，结婚，生小孩，然后死掉。尼采和瓦格纳都知道，这种生活有其无意义的一面。

在《悲剧的诞生》开头，尼采讲了一个弥达斯王和西勒努斯的故事。弥达斯就是那个著名的"点金手"国王，他向狄奥尼索斯的同伴西勒努斯求教人生的意义。西勒努斯看了国王一眼，毫不客气地直接对他说道："哦，悲惨短命的族类啊……为什么要逼迫我说出那些你们不便知晓的事情呢？最好的命运，你们完全无法拥有了——那就是不要出生，不要存在，不成为任何东西。但还有次好的命运，对你们来说，就是速死。"坐在国际清算银行的台阶上，看着那些行色匆匆赶着去上班的男女时，我感到西勒努斯可能是对的：有些生命，的确是越短越好。不过，尼采和瓦格纳都相信，人应该充分享受其生命，得到最完满极致的体验。

"只有将其视作一种美学体验，"尼采在《悲剧的诞生》中坚称，"存在与世界才能获得正当性。"这就是尼采对西勒努斯之箴言的回应，也是唯一一种可以战胜现代虚无主义的方式。美学（aesthetic）一词来自古希腊语"aisthanesthai"，意思是"知觉、感知、感受"。只有通过以另一种方式知觉世界，并深刻地感受它，西勒努斯才能满足。如果痛苦和死亡不可避免，我们或许也可以转而拥抱它们，甚至于欢欣鼓舞。尼采认为悲剧中自有裨益：它向我们证明了苦难不仅仅是折磨；苦涩粗粝的疼痛仍然可以被引导，被纳入整齐的秩序，甚至可以变成美而崇高的东西。通过拥抱而非逃避悲剧，古希腊人找到了一条克服悲观主义的道路，而悲观主义正是当下迅速占领着现代社会的东西。

我本应在巴塞尔停留几个星期，并在图书馆里度过大部分时间，但在这个城市的街头漫步时，我意识到这个计划是行不通的。巴塞尔的街道实在太直、太安静、太庸常了。我需要去感受些什么，以打破这种麻木的状态，向自己证明我还神志清明。可能还是人生中头一遭，我有自由去做自己想做的，而非别人觉得我该去做的事情。刚一到达尼采曾经执教过的大学，我就知道自己要尽快离开这里。

到了 1878 年，《悲剧的诞生》中洋溢着的那种希望感开始消退了。尼采的健康状况渐渐恶化，同时显示出精神不稳定的最初征兆。他的应对办法是"隐居山林"（literally headed for the hills）——在之后的十年里，他一直在阿尔卑斯山脉区域四处旅居，进行哲学思考：先是住在施普吕根，再到艾格峰山脚下的格林德瓦、圣贝纳迪诺山口、锡尔斯–马利亚，最终到达位于意大利北部的一些城镇。沿着这条路线重走一遍，就是在重温尼采在他的最高产时期的经历——在这十年里，他如痴如狂地写作，创作了一系列对现代存在主义、伦理学和后现代主义都影响深远的开创性著作：《查拉图斯特拉如是说》《善恶的彼岸》《论道德的谱系》《偶像的黄昏》《敌基督者》以及《瞧，这个人》。在巴塞尔的第一个也是最后一个晚上，我决定重走尼采当年走过的道路——许多学者认为，这条路线勾勒出了他作为天才的跃升路径，也见证了他坠入疯狂的过程。

第二天一早，天还没亮我就醒了，先出门跑了一大圈，以确证自己前一天所怀疑的事情——巴塞尔的确全无灵魂，我的确来错了地方。接下来的第一站是位于阿尔卑斯山脉高处的施普吕根。我起初以为这次旅程的终点将会是都灵——尼采 1888

年在那里写出了《敌基督者》，随后不久就精神失常了。在都灵，他发现了那种接近疯狂边缘的哲学，其目的不在于教导我们，而是要让我们感到恐惧。尼采规劝我们，想要阅读《敌基督者》，就必须培养出"一种从力量中生出的、去探求无人知晓其答案的问题，勇于叩问禁忌之倾向"。恐惧自有它的用途。那些最让我们惧怕的问题，正是最值得我们立即投入全部注意力去思考的问题。我尽了最大努力去思索接纳这个想法。火车终于开动了，它慢慢地，把山谷和我对禁忌之物的恐惧一起抛在了身后。

和尼采的状况相类似，我的父亲在我4岁那年也患上了精神失常。不同的是，他的父亲死了，而我的父亲则离家出走了。他与我同名，也叫约翰，在20世纪80年代曾从事国际银行业，专精三角套汇业务。这是一种利用美元、日元和英镑三者在外汇市场上汇率调节的低效之处谋利的交易形式。今天，这项工作已经交由计算机来完成，但在外汇套利活动刚刚兴起的时候，就是像我父亲这样的人在操作的。我儿时最早的记忆之一，就是关于我的外祖父试图解释他的女婿是干什么的。他拿出一盒玻璃弹球，里面有蓝色、绿色和紫色的。想象一下，他说："你可以用10个蓝色的弹球跟我换7个绿色的。然后你又找到另一个人，他愿意用12个紫色的换你那7个绿色的。现在你再拿这12个紫色的来换11个蓝色的。"于是他把最开始那10个蓝色弹球递回到我手上，又从盒子里另拿了一个扔给我："懂了吧。"

这就是套汇——无中生有的美事，好得有些不真实。

"曾经是为了'爱上帝'而做的那些事，"尼采说道，"现在人们都是为了爱金钱而做了。"我父亲做这份工作，既是因为爱金钱，也是因为爱体验。他是个热衷于获得各种新鲜经验的人：飞行、航海、驾驶、骑马、滑雪、派对、远足——任何一种可能会让人心潮澎湃的活动，他都做过。在外人眼里，他是个相貌英俊的男人，富有到了可耻的程度，还有美丽的妻子和两个光彩照人的儿子。但外表常常具有欺骗性。就像尼采在他的巴塞尔生活接近尾声时所坦承过的那样："我意识到，在我愉快的表象之下……有着深深的忧郁。"我的父亲也怀有与之相似的隐秘意识，他试图以光鲜的假象将其掩饰起来——但最终还是被驱赶进了抑郁、酗酒的深渊，并失踪了。空手套利的确是个好到不真实的行当。

小时候，我只是隐约察觉到一点父亲的异常表现，但到了19岁那年我才开始如切身体验般清晰地理解了那种感受。他感觉到的，是尼采称之为"伟大和不可能之物"的吸引力，感到自己爱过某种无与伦比的东西之后又失去了它，并因此渴望得到补偿。他自己大部分人生里同样缺席的父亲，将生命全部消耗在了宾夕法尼亚州雷丁城外的一个纺织工厂里，为了供养妻子。他的妻子喜欢钱，却为自己有一个必须辛苦劳作才能赚到钱的蓝领丈夫感到羞耻。我的祖父会在晚上偷偷溜回家，吃晚饭，然后坐在客厅角落里的一把扶手椅上，自己一杯又一杯地喝下那种能让一切没入黑暗的烈酒。爱永远是有条件的，必须努力去赢得，而且永远不够多。这种被剥夺感并非来源于贫穷，而是来源于一种并不专属于我们家的、关于爱和情感的观念。这种观念认为爱是一种交易。当然，人们能从买卖感情中获得的满足感，与他们能从买卖商品和服务中获得的满足感是一样多的——都是一点都没有，但这并不能阻止人们坚持尝试着去做这笔交易。爱之条件的彻底破产，让一切都陷入疯狂的盲动。

祖父死于肝硬化之后，我父亲也发现了祖父曾经喝过的那种烈酒，他还买了一张红色的皮质双人座椅放在客厅一角。但大多数时候他都在频繁地旅行，总是出门在外，总是在寻找下一桩交易。某次离家之后，他就再也没有回来。他先是去了费城，又去了纽约。在某个时刻，他失去了踪迹。

列车穿过了位于列支敦士登边境的皮措尔山脚下的小镇拉格斯。我打量着拉格斯之上的几座小山，山腰上有羊群在懒洋洋地吃草。塔米纳溪谷就位于山岩中的某处，这是一条狭窄的岩穴，富有治疗功效的 Pfäfars 矿泉就从这条石穴中流过。700年来，朝圣者们纷纷涌入山间，想用这里的泉水恢复元气，濯洗掉日常活动的污秽。19世纪40年代时，人们开始铺设管道把泉水引下山，供拉格斯现已闻名遐迩的浴场使用。39岁时，被巴塞尔的生活消磨得筋疲力尽的尼采来到这个温泉浴场疗养，希望可以摆脱从少年时代就一直折磨着他的偏头痛。正是在这里，他萌生了放弃履行教授职责的念头。"你能猜得到，"他这样写道，"我内心深处是多么的忧伤和痛苦……我所要的仅仅是自由……我为这困住我的数不胜数的不自由而感到狂怒。"他要离开巴塞尔，去更高的地方居住。随着拉格斯渐渐淡出我的视野，我可以体会到这样一个疗养地的吸引力，但也能感觉到那些让逃离变得如此令人苦恼的重重力量。

尼采的牧师父亲死去后，这个在童年时被称作"弗里茨"的男孩，做了大多数虔诚的路德宗信徒会做的事情：他变得更加虔诚了。青春期的时候他就试图从事神职活动，被同学起了个"小牧师"的外号——这可不是什么友善的称呼。尼采太过聪颖和擅长自省了，这使他与同龄人格格不入，遭到了班上同学残酷的嘲弄。当他不能得到同辈的认可时，弗里茨就转而向上帝寻求肯定："神给予的一切，我都会满怀欢乐地接受：无论幸福还是痛苦，贫穷还是富有。而且我会直面一切，甚至是死亡。因为终有一天，死亡会让我们所有人再次在永恒的欢乐和至福中团聚。"这种满怀欢乐拥抱对立两极的愿景——即使是最强烈的生死对立，尼采终其一生都没有抛弃，也没有完全实现它。

这个年轻人难以获得同伴，但这绝不是因为他举止粗鲁或是以自我为中心。恰恰相反。年轻的弗里茨羞涩、礼貌、恭敬到了过分的程度。在很长一段时间里，书籍都是他最好的朋友。15岁时——正是其他年轻人初尝叛逆滋味，开始胡闹的时候——尼采建立了一个有排他性质的读书会"日耳曼尼亚"。读书会只由很少的成员组成：尼采本人，和另几个被他认为足够喜爱读书的男孩。读书会首次集会时，他们带了一瓶廉价的红酒，徒步进入普夫达学校之外的美丽堡（Schönburg）遗址，在那里宣誓效忠文学和艺术，并将酒瓶砸碎在城堡的雉堞上以铭记这一盟约。在接下来的三年里，"日耳曼尼亚"的成员们定期聚会，分享诗歌、散文和论文（正是在某次集会上，年轻的尼采朗读了他的第一篇哲学论文《命运与历史》），并表演了瓦格纳的最新剧目，其中包括《特里斯坦和伊索尔德》。这就是尼采心目中的人生快事。

火车带着我向高处行进时，我开始想到这种童年的荒谬之处——它可能只比那种会花9个星期去早已死去的哲学家住过的地方朝圣，荒谬那么一丁点儿——想到对他来说，融入集体是多么困难。

弗里茨试着做一个正常人，但事情并不顺利。事关日常生活的时候，他有时会做得过火，更多的时候他会对庸常感到厌倦。离开普夫达这所全德意志数一数二的寄宿学校后，他进入了波恩大学，并在那里成功地伪装出一副与常人无异的表象——聚众饮酒，假期旅行，还谈了次短暂的恋爱。他试着像其他年轻人一样喝酒，然而有那么一晚他彻底放开了猛喝，却因为烂醉如泥而差点被学校开除。在家信里，他向母亲描述了这件不幸的事，并抱怨说自己"完全不知道自己到底有多大酒量"。到了加入"Burschenschaft Frankonia"（相当于美国的大学兄弟会）时，他在"融入集体"方面的意愿和努力也达到了极限。其实他并不喜欢啤酒，他喜欢酥皮点心，而且他非常非常喜欢读书研究。仅仅十个月之后，他离开波恩去了莱比锡，此时他已经清楚地意识到："做个正常人"纯属浪费时间。

15岁到20岁之间，弗里茨的生活中有两个人能给予他安慰：他的母亲弗朗西斯卡和拉尔夫·沃尔多·爱默生。他是在

19 世纪 60 年代初从普夫达毕业的时候开始阅读爱默生作品的，用他自己的话说，这位美国超验主义者很快就成了"一位好友，即使是在黑暗时刻，他也能激起我的兴致。他拥有那么多的怀疑精神（skepsis），那么多的'可能性'，以至于在他眼中，就连美德也变成了一种精神性的东西"。在最理想的状况中，哲学应该是不经思考而自动习得的——不是机械地死记硬背，而是用心领会，并在现实中践行。这是知识中最个人化的一种，旨在赋予个体在没有老师或牧师指引的情况下，独自为自己的生活做决定的勇气。爱默生哲学的一个重要概念就是"怀疑精神"，正是这种批判性的怀疑，使得尼采没能像之前设想的那样成为牧师。"世界上存在一条唯一的，除了你没有其他人能踏上的道路。这条道路通向哪里？不要问这个问题，"尼采教导我们，"沿着它走下去就行了。"这条依靠自我（self-reliance）的道路，最终将他引向了阿尔卑斯山脉的大道。

吸引尼采的，是爱默生普罗米修斯式的个人主义，还有他关于孤独的观念。爱默生认为孤独并不是某种需要不惜一切去弥补和修正的事物，而是一个需要被推敲（contemplate），甚至被享受的独立时刻。事实上，在其允许一个人不受社会条条框框束缚的层面上，孤独是最适合哲学家的一种状态。这种浪漫主义冲动深植于这两位思想家的内心之中，审美体验是肯定生命（life-affirming）的，不只是在抽象理念上如此，而是融会在个体的情感和心智趋向之中。22 岁时，在一封写给友人卡尔·冯·格斯多夫的信中，尼采毫不掩饰地表达了他对那位美国哲人的仰慕："一个人有时会片刻陷入安静的沉思，审视自己的生命，带着欢乐与悲伤交织的心情……爱默生如此恰切地描述了这样的时刻。"成年之后，尼采开始将某些类型的经验——包括这些"陷入安静沉思"的时刻——视为逃离生活之苦痛的方式，并开始被这位在19世纪40年代开启哲学经验转向的哲学家所吸引。

认为人可以通过将自身沉浸于现世的生命体验中以获得超越性，认为超越性不位于外界的某处，而只在于对生命做更深入的探索，诚然是个奇怪的想法。但正是这个想法点燃了年轻的尼采对爱默生的热情。传统的宗教救赎之路在19世纪的前几十年已被斩断：德国的"高等批评"，即一种将福音书作为历史文献而非圣言来解读的圣经学，颠覆了教会在精神上和存在上的权威；同时高歌猛进的资本主义让十字架在全能的美元符号面前黯然失色；现代科学——以达尔文于19世纪中叶做出的发现为代表，也只是进一步地侵蚀了宗教信仰。一个人可以有信仰，并且在某些时刻深刻体验到近乎神圣的意义感，但他只能在切实、可观察的存在之流里这样做了。

爱默生在发表于1844年——尼采出生那年——的论文《论经验》中写道："除非一个人获得的好经验预示着下一个更好的经验，否则他永远也不可能获得十分满意的经验。向前，再向前！在自由的时刻，我们知道生活的一幅新图景……已经成为可能。"这是爱默生笔下最洋溢着希望的调子，但尼采清楚，爱默生式的昂扬同时也需要人们学习如何以正确的方式承受经验。对于爱默生来说，自我超越发生在欢乐与悲伤交集的夏日时刻，在艳阳高照的正午，人们意识到一天的时光已然过半，白昼行将没入黑暗。这个年近四十、第一任妻子死于肺结核的美国人对个人生活中的悲剧绝不陌生，他也帮助了弗里茨克服并忍受自己的个人悲剧。在发表于 1841 年的名篇《自助》的姐妹篇《补偿》中，爱默生承诺说："每一样灾害，只要我们没有屈服于它，最后它都会成为恩人。"尼采花了一生的大部分时间去努力内化这条信息，反复地表达类似的意思，其中最著名的一次见于《偶像的黄昏》："那些没有打倒我的，"他这样声言，"让我变得更强大。"

我知道这句话，以及《偶像的黄昏》整本书，都是他在锡尔斯－马利亚停留期间，狂热地工作一星期写成的。在探索了施普吕根后，我的下一站就是那里。或许我可以徒步过去，我身上带了运动鞋和人字凉拖，路程不会超过 25 英里的。

道路和铁路本应将两地沿着可能的最短距离连接起来，但在山区，道路绕着山脚和悬崖蜿蜒展开——唯一平直的公路就是隧道，它们从山峦中间横穿而过。我透过火车的车窗往下看。火车正在向施普吕根行驶，路上在当地的首府，一个名叫库尔的城镇停留了一会儿。我想象面前就是尼采曾经徒步过的路，一条窄窄的、从花岗岩中凿出的石子小路，消失在前面的山峰之中。它很美，但同时也很凶险。小路有几英尺高的路肩和一条护栏，然后又陡然直降了看上去有一千英尺。护栏是最近才装上去的。当尼采来到山间的时候，他是踏在无底深渊的边缘上的。

列车进入了一个陡峭的山谷，两边的山比新英格兰的任何一座山都要高。我有生第一次欣赏到了阿尔卑斯山的雄伟气派。如果有什么地理景观可以被称为尼采式悲剧美感之缩影的话，那么就是这里了：古雅、整齐的瑞士小村庄星星点点地散布在宽广的山谷草地上，而谷地先是平缓地展开，而后突然让位于由岩石和冰组成的、直入云霄的山崖。极端，在这里构成了完美的和谐。

"我很轻松地沿着山路向上，"尼采在库尔短暂停留的期间报告说，"一片宁谧的图景出现在我的面前……绝美的风景在我的身旁不断变化，渐次展开。"登上去施普吕根的列车之前我向四周看了看，觉得进山的路程不可能像他说的那么惬意。这样的长程徒步没有什么意义——特别是对于致力于找到更轻松省力地从一处移动到另一处的办法，并以此为荣的文化来说。尼采称这样的文化为"颓废的"（decadent）。这个词源于拉丁语中的"脱离、掉落"——就像列车脱离了轨道。

根据尼采和爱默生的看法，现代性已经脱离了生命的轨道。它背离了那些曾赋予人类以活力的基本冲动。动物天然热爱玩耍、竞赛和攀爬——去消耗能量，并从力量感中得到愉悦。然而，我们这些追求文明和虔诚的现代人，在这一过程中杀死或囚禁了自己内心的动物性。在基督教和资本主义的助力下，人类这种生物被允许变得柔弱。当一个人"去工作"的时候，他很少是为了行使自由意志的欢乐而这样做的，而是为了在未来拿到薪水。人们不再充满激情地生活了，他们只是将生活一再拖延下去。

导致尼采逃入山中的原因有很多。他生病了——眩晕、头痛和眼疾一直缠绕着他的后半生——他也需要更多的时间来写作。他在寻求更深刻、更高的新体验。而且他在巴塞尔也遭受了一些冷落。出版于 1872 年的《悲剧的诞生》在语言学界引发了一场"字义主义者"（literalists）和"存在主义者"的分裂。字义主义者认为，研习语言的原始含义是为了"得到正确答案"——通过严格还原并掌握古人在其生活的时代对词语的理解，来突破我们阐释古代文献时的局限。尼采和一小部分存在主义语言学家则认为，这种学术上的时间旅行既不合时宜，也不可行——"语言学者的任务，是借助古典世界更好地理解他自己的时代。"历史研究的目的在于它可以丰富我们对现时的体验。这个论点，是尼采在一篇题为《我们语言学者》的未完成论文中提出的，直至今日这篇文章也没有被正式发表，至少部分是因为《悲剧的诞生》已经引发了太多的争议。该书一出版，尼采多年的导师、字义主义阵营的领袖弗里德里希·立敕尔就宣布与他最有前途的学生断绝关系。

立敕尔认为尼采身上有两面性：他有时是个聪颖而严肃的学者，能够弄清楚古希腊文中最晦涩而令人迷惑的段落；同时他又是个"耽于幻想、聪明得过了头"的疯子，"挺进了不可理解的领域"。尼采信奉的狄奥尼索斯精神让他在巴塞尔的知识分子圈子中不受欢迎。《悲剧的诞生》招致了猛烈的抨击，其中一篇差评还出自他最亲密的一位朋友笔下。这名曾被他的某位著名导师评价为"无论他想做什么都能做成"的，前途光明的年轻学者，一夜间成了学术界的弃儿。于是他在 1872 年出发前往施普吕根，开始了一次山居生活试验。仅仅几年后，他就认真地在山中安家了。"随着我们渐渐接近施普吕根，"尼采在给他母亲的信中这样写道，"我心中涌起了强烈的、想要留在此地的欲望……这处幽深的阿尔卑斯山谷……正是我所需要的。这里有纯净而强劲的空气，形态千变万化的山丘和岩石，而这一切的外围还环绕着巨大的、终年积雪的山峰。不过，最让我感到愉悦的是那些美妙绝伦的山路，我可以在上面一连走上几个小时。"当尼采来到施普吕根之后，他住进了城郊的一家小旅舍。在巴塞尔，他既受万众瞩目，又被人群唾弃，而在这里他只是个陌生的客人，村民们也都只把他当作陌生人对待。尼采在信里告诉母亲，他很享受这种匿名赋予的自由。"现在我找到了一个角落，"他写道，"可以让我获得力量，带着新鲜的活力去工作，不被任何人打搅地生活。在这个地方，人类似乎变得像幽灵一般。"

结束了5个小时的车程后，我不得不承认，在如此坚固恒常的自然景观面前，人类的存在着实堪称转瞬即逝。人们从火车中鱼贯而出，各自向他们位于山间的小屋走去，车站里只剩我独自一人大口呼吸着稀薄的空气，我还不知道晚上要去哪里过夜。不过这时才刚刚下午三点，群山在召唤着我。我穿着人字拖鞋，背着30磅的行李，开始了我的第一次阿尔卑斯山徒步之旅。

我沿着一条古老的、从施普吕根市中心通向山中的骡马道前进。一个小而不起眼的路标指出通向伊索拉的路，那是一个位于30英里外的意大利边境上的村庄。我本来只想做一次短程徒步，在天黑之前就转身回城的。步行是最能"肯定生命"的人类活动之一，是我们组织空间，在这个广阔世界里为自己找到方向的途径。它鲜活地证明了，重复活动——不断将一只脚放到另一只脚的前面——实际上可以让人做出有意义的进步。无怪乎为人父母者会庆贺自己的孩子迈出第一步——步行是一个人最初而且可能也是最重要的独立标志。

这条小路相对平缓，某些地方还铺了鹅卵石，于是我很快就走出了很远。步行对身体有着切实的好处，但对于艺术家和尼采这样的思想家来说，它同时也与创造和哲思密切相关。"让思绪四处漫游""步履不停地思考""以得出一个结论"——这些表达方式绝不仅仅是些简单的修辞而已，它们反映了这样一个真理：某种思想的开放性只见于移动的状态之中。用18世纪哲学家卢梭的话说："我所有的工作都是在散步时完成的，乡间就是我的书房。"哲学的历史，很大程度上就是一部在行走中思考的历史。当然，许多哲学家会为了写作停下脚步，但这最多是一种暂时的栖息、短暂的驻足，为了稍稍回顾自己走过了多少路。佛陀、苏格拉底、亚里士多德、斯多葛学派、耶稣、康德、卢梭、梭罗——这些思想家都从来不会静止太久。其中有些着实狂热的步行者还意识到，漫游最终会将你引向其他事物，引向真正的远足。这就是尼采在阿尔卑斯山脉中所发现的。

当时他30岁，身体还足够强壮到可以梦想登上山顶。"攀登到任何其他思想家都没有达到的高度，进入阿尔卑斯山纯净而冰冷的寒风之中，那里没有迷雾遮蔽双眼，所有事物的一般结构都以简洁、原始而优雅的方式显现出来，无比清晰，一目了然！"与绝大多数职业活动不同，远足可以让人在这项活动中得到即时的回报，并且它那些最艰苦的方面，往往也最有裨益。你的四头肌和小腿肚里因乳酸渐渐堆积而产生的钝痛提醒着你，你的肉体是真真切切地活着。将疼痛置于自己的控制之下，在一种怪异的意义上颇具肯定性：你能坚持到下一道山坡，或是下一簇巨石旁吗？生命经常是痛苦或令人烦恼的，然而远足者至少可以决定他或她自己受苦的方式。

朝伊索拉的方向走了 4 英里后，我被汗水浸湿的人字拖鞋滑掉了，脚后跟几乎磨掉了一层皮，只能跌跌撞撞地往回走。一瘸一拐地回到施普吕根之后，我钻进城郊的一座谷仓，摊开睡袋在这里过了一夜。我必须第二天重整旗鼓，继续寻访"敌基督者"的旅程。我是这样安抚自己的：对尼采来说，重点不是避免苦难，甚至也不是征服苦难；和之前的许多哲学家一样，他认识到受苦是人类境况中不可避免的基础事实。但以禁欲式的态度回应受苦，就是将其理解成对生命的一种不满。我所面临的，由尼采提出的挑战，是去全身心地拥抱生命，包括其中的一切苦难。当他在其写作生涯行将结束的时候写下"人们理解我了吗？——狄奥尼索斯反对被钉十字架者"这样的话时，他意图展示受苦并不是对我们生命体验的反驳，我们必须去欢迎和拥抱苦难，一如欢迎和拥抱幸福。实际上，尼采经常暗示的一点就是：幸福至多不过是个次要的目标。在《查拉图斯特拉如是说》中，尼采创造出的最著名的人物在山间度过了一生后总结道："幸福？我到底是在追求幸福吗？我是在追求我的事业！"

我在施普吕根周围的山间度过了两个星期，让自己熟悉行走的快乐，感受站在原地不动是多么令人不适。白天的光景极为明媚愉悦，流逝得飞快；而黑夜则长得令人难以忍受。厌倦、酸痛、晒伤——只要一停下脚步，一切不快就降临到我身上。我心心念念地盼着太阳升起，好让我再次出发。尼采在《偶像的黄昏》中这样告诉他的读者："一切真正伟大的思想，都是在步行中成形的。"而年轻的哲学学生自然会做出这样简单的推论：行走得越多越好。阿尔卑斯山间大多数难走的小路实际上根本不是路，只是由地上的沟痕和石块的位置画出来的一些似有还无的痕迹。在这里，一个人可以意识到步行活动的隐藏本质——往哪里走、怎么走，都完全由你自己决定。"每个走在自己路上的灵魂都步伐坚定，"爱默生在他的演讲稿《智性的自然史》中这样写道，"而其他那些看不清自己道路的灵魂都对这一点感到震惊。"这其中有种可怕的自由，而站稳自己的脚跟是很困难的，我渐渐发现了这一点。不过一旦你开始了徒步旅行，彻底停下来就变得极为困难。

事后想来，我知道自己本该更惧怕那些山的。然而当时我只是在施普吕根周围徒步了数日之后，就试图去征服它们了。如果一只乌鸦从施普吕根沿直线飞向尼采写作《查拉图斯特拉如是说》时居住的小村庄锡尔斯-马利亚的话，它只需飞行 31 英里就可以到达了。然而没有乌鸦会从这条路线上飞过。它们会绕过上哈尔布施泰因阿尔卑斯山脉的最高峰普拉塔峰。这座山高 11129 英尺，天气晴朗的日子里，人们坐在飞行在它上方 200 英里高处的飞机上可以看见它。但当你进入阿尔卑斯山脉脚下的丘陵地带时，那些真正庞大无匹的山峰却会被那些仅仅是高峻的山峰抢走风头。我事先购置了一件轻便大衣、一个头灯和一根登山杖，觉得靠着这些装备到达那里是绰绰有余了。为了保险，我买了指南针和地图来确保自己不会走错方向——我计划抄近路从山间径直穿过去，我还带上了睡袋以防夜间降温。接下来我就朝着普拉塔峰的方向一连行走和攀爬了 15 个小时，直奔黑暗之中。

我之前从没在这种荒僻的地方露营过。太阳落到了西边的山峰背后，气温也陡然降了下来。这时我已经意识到即将到来的夜晚将不是一般的寒冷。我为什么不乖乖走那条该死的骡马路？我加快了脚步，试图寻找一个可以提供些许遮蔽的地方，但无奈在林木线[1]以上的高山区域，这样的庇护所少得可怜。最后，我找到了一处花岗岩壁上的凹陷——它太浅了，实在称不上一个"岩洞"——便决定在这里过夜。黑暗已然降临。我身上带了火柴，但之前忘记沿路捡拾用来烧火的木头了。

放宽心，这里没什么好怕的。自从早上离开人们习惯走的骡马路起，直到这时，我一个人都没遇见。这意味着如果我死了，尸体不会被人发现；但同时也意味着不会有人会在夜里来杀我。瑞士人并没有谋杀别人的爱好。没什么好怕的。四周唯一的生

1　treeline，指山上树木生长的最上限。——译者注

　　　　　　　　　　　　攀登尼采

命迹象来自偶尔露头的土拨鼠，和山下传来的遥远而断续的牛铃声。整个阿尔卑斯山脉可能有一百只猞猁，但山谷里的羊足够它们吃的。我想狼和熊早在几十年前就销声匿迹了。没什么好怕的。几颗星星出现了一会儿，顷刻间又消失在笼罩着群山的云层之后。我终于彻彻底底地孤身一人了，就像我常会怀疑的那样。

完全、彻底的黑暗——让我恐惧的，恰恰就是这空无一物。据尼采说，起初，"人类周围撕开了一道阴森叵测的裂缝——他不知道如何为自己辩护，如何解释，如何肯定自己，他罹受着他的意义问题"。我把头灯的亮度开到最大，试图让它照进面前的黑暗。然而，放射出去的灯光在不远处就渐渐消散无踪了。在《真理和谎言之非道德论》中，尼采曾这样写道："曾经有过一个星球，它上面的聪明的动物发明了认识。这是'世界历史'的最为妄自尊大和矫揉造作的一刻，但也仅仅是一刻而已。在自然做了几次呼吸之后，星球开始冷却冻结，聪明的动物只好死掉。"曾经如此用力、如此灿烂地燃烧过，继而却毫无预兆和解释就湮灭无迹——当尼采向阿尔卑斯山脉进发时，萦绕在他心中的就是这样的念头。

我缩进睡袋里躺下，但渐转猛烈的山风还是将耳朵和面孔刮得生疼，直到天亮都未能入眠。我几乎不记得自己是怎么挣扎着回到施普吕根的了，只知道这段路程花了整整两天。不知是寒冷还是狂风在我的耳垂上留下了一道伤疤——直到最近，这都是这场疯狂的旅程给我留下的唯一标志。

那一夜之后，就没有什么能够惊吓到我了，我渴望更深和更高的体验。一个星期后我徒步并搭便车，沿着较为平坦畅通的道路走了50英里，从施普吕根到达锡尔斯-马利亚，住进了那里的"尼采之家"，尼采本人19世纪80年代一直在这里度夏。"尼采之家"位于一座小山脚下古老的枞树林深处。《查拉图斯特拉如是说》就是关于一个在山中居住的人的故事。"查拉图斯特拉30岁时，"叙述者这样说道，"离开他的家乡和他家乡的湖，到山里去。"而在尼采写下这些句子的时候，他正被与世隔绝的生活所吸引，并且差一点就陷入这种全然孤立的境地。查拉图斯特拉是个隐士，但他同时也在暗地里渴望有人陪伴。在之后章节的叙事中，他在高山岩洞的荒凉孤独与山下城镇中有秩序的生活之间来回穿梭。隐居的目的不是永久逃离，而是去山顶呼吸几口新鲜的空气，好让自己得以继续在谷底城市里，在他的同伴中间活下去。这不是件容易事，因为这意味着要在人群中保持自己的个性，在集体中与他人互动而不被集体吞噬。

当然，19岁的我全然不知该如何做到这一点，而是选择了孤独和虚无。

今天，"尼采之家"的一楼成了一间博物馆，展品由现代艺术和关于尼采的物件构成：他的死亡面具、照片和在此居留期间的信。博物馆的楼上是三间卧室，供那些来到锡尔斯-马利亚寻找启迪的学者和艺术家们租住。这里刚刚结束了一场关于尼采和葛哈·李希特画作的学术研讨会，与会人员离开后所有的房间都空了出来，于是我得以随意选择房间入住。出于显而易见的原因，我挑了最接近尼采当年住过的那间屋子——它的墙板是未经打磨抛光的原木，里面有一张单人床、一张书桌

　　　　　　　　　　　　　　　攀登尼采

和一盏孤零零的台灯。太阳西沉的时候，整座房子都渐渐沉入黑暗，只有这盏台灯还倔强地发着光。我每个傍晚都流连在"尼采之家"的厅堂里，细细注视研讨会留在墙上没有摘下来的李希特的作品，许多闪着幽光的头骨照片上泼洒着油彩。"在对伟大和不可能之物的追求中死去"——萦绕在这些画作间的，是这样一句话。画家跟随着尼采的脚步，离开家来到锡尔斯-马利亚，而这就是他所找到的。

31天逐个膨胀开来又被压扁下去，悄悄溜走了。我渐渐停止了进食和睡觉。我的头发变得长而蓬乱，裤子也日益松垮。这段时间里我给母亲打过一次电话，她称电话里的我"有点心不在焉的"——这话从一个加尔文教徒口中说出来，就意味着她认为你彻底精神失常了。她的评价不无道理。与尼采为邻，是会有这样的效果。如果一个人让身体长时间饥饿或超负荷工作，那么他最终会死掉，但在此之前，竭力求生的欲望会让肾上腺素最后一次爆发，使身体释放出超人的能量。住在锡尔斯-马利亚的最后一个星期里，我前所未有地切身体会到了尼采所宣称的："我不是人，我是炸药！"每个夜晚我都毫无睡意，甚至感觉不到饥饿。我不停地回到书桌旁，回到我的"查拉图斯特拉"中去。在早上第一缕阳光刚刚露头时，我就出发去房后尼采常去的山路上来回行走，试图尽可能地进入他的世界，成为他。

在这首哲学长诗的某一点上，查拉图斯特拉向生命质问道："我是猎人，而你会做我的猎犬，还是猎物？"这是一个我永远不能回答的问题。句中 Gemse 这个词通常被理解成"猎物"，但它的字面意思其实是"岩羚羊",一种奇异而难以捉摸的动物，我想直到今天，它们还在比锡尔斯-马利亚海拔更高的区域活动着，靠吃林木线上方仅有的那么一点植被为生。它们强壮、孤独、步履稳健。在尼采1888年秋天最后一次拜访锡尔斯-马利亚时，天还没亮，他就被房东出发狩猎岩羚羊时发出的声音吵醒了。当时他正在思索《偶像的黄昏》，即他最为黑暗和晦涩难解的作品之一，于是做出了这样的判断："谁知道呢！或许我写这本书的时候，也是在狩猎岩羚羊吧。"

我尽最大努力继续尼采未完成的狩猎，徒然地寻找这些如潘神（Pan）般的生灵：整夜阅读，白天则出门向悬崖峭壁进发。我内心的一部分被远处光辉灿烂的山峰，被四周环绕的湖泊反光照亮的小山所吸引，然而随着时光的流逝，我的心中也日益涌起一种对深谷的痴迷，越来越向往那种只有置身于群山之中才能窥见的深度。我得知，某些最险峻的山峰最适于观赏生命中的深谷和罅隙。探究尼采活跃而高产的一生，也意味着必须直面他心中不断涌起的逃离生命的冲动。死亡的诱惑与他如影随形。尼采在《偶像的黄昏》中写道："我们不能亲手阻止出生，但我们可以弥补这个过错……当一个人舍弃自己的时候，他就做出了世上最值得尊敬的事情。"舍弃自己，将时间的幻灭和易逝掌控在手中，确有其可敬佩之处。我所恐惧的是无声无息地无意识地消亡。

禁食就是对生命的管制，将生命牢牢牵在自己身边，有计划地、精确而缓慢地将自己解决掉。这是一场长时程的自杀。在八月末的某天，我判定自己的禁食进程已经拖得太长了。这时距我的 20 岁生日还有一个月。在尼采度夏的房屋后，我制订了计划。我可以更极端地减少食量，但那样会带来预想不到的麻烦。我会先饿到晕倒，然后被某个路过的好心人送进医院，在那里更多的好心人会往我的身体里打各种各样的注射液，送我出院的时候还不忘体贴地加上一句，"放轻松点，没什么大不了的"。服毒会容易得多，但我搞不到毒药。在瑞士，一个美国年轻人也买不到枪。割腕显得太自我沉溺、太浮夸了，像是真正不懂事的青少年做的事情。房子一楼的储物间里有条尼龙绳。或者用汽油和火柴？所有这些方法看上去都无比老套，但同时在现实中都不无可行性。

对为数众多——多到让你吃惊——的人来说，自杀最令他们恐惧的一点是，它可能会失败。死掉比活着好，但杀死自己这个行为本身困难而风险重重。登上科尔瓦奇峰顶后我看到一个裂谷，从那里跳下去很可能就此一了百了，然而我仍然担心这只是"很可能"而已。尼采在阿尔卑斯山居留期间，也思考过这种虚无感。在《查拉图斯特拉如是说》中，他用是否愿意直面这些被视作禁忌的可能性，作为衡量一个人力量的标准："看到深渊，却以鹰眼看它，以鹰爪抓住它的人，这种人才有勇气。"说出这些满溢着希望和力量的话语的，是查拉图斯特拉，而非尼采本人。在危险边缘，尼采会同样坚定，但他同时也更脆弱，更多地是一个人。在《新约》中，深渊[1]被描写为怪物和恶魔所

---

1 abyss，思高本《默示录》译为"深渊"，和合本《启示录》译为"无底坑"。——译者注

在之处，到了 13 世纪，基督教神秘主义者则开始想象深渊里藏着的其实是至高神的奥义。无论是恶魔还是上帝，深渊都在那里等待着你。尼采坚持说："如果你长久地凝视深渊，深渊也会回以凝视。"

科尔瓦奇峰上的那条裂谷很窄，仅 6 英尺宽，却可能有 250 英尺深。我在那里的最后几天一直在菲克斯山谷间冰川平原的一块巨石旁过夜。我常常去我的深渊旁，往下面扔石头以探测它的深度，试图计算石头砸到谷底的岩石上用了多长时间。100 英尺？200 英尺？我算不明白。如果我头朝下坠落的话，有可能会摔死，但也有可能摔断脊柱，终生瘫痪。最大的可能性是，我最终还是会死掉，但不是像计划中的那样瞬间殒命，而是躺在谷底缓慢地失血而亡。刻意让自己疼痛是一回事，而因为搞砸了计划而死状悲惨，似乎背离了自杀的本意。于是我继续等待，但每次醒来，那个念头都挥之不去。

很明显，或许也很幸运的是，我最终还是胆怯退缩了。在计划中于锡尔斯—马利亚停留的最后一个晚上，我的意志崩溃了，重新开始进食。我爬上"尼采之家"后面的小山坡，看到一座庞大的酒店，直到今天我都觉得那是我进入过的最宏伟壮观的建筑。这时我身上还剩下一大笔钱——600 美元，这都要归功于之前极度简朴的生活方式。我在晚餐上花掉了其中一大半。晚餐有六道菜，每一份分量都很小，然而加在一起就不少了。葡萄酒也是这样，每杯看上去都不多，但杯子走马灯一样不停出现又消失，我也不停地把它们喝下去，借以缓解自己的罪恶感和尴尬。这顿饭吃了整整 3 个小时。而且最后我竟然顺利地走出了酒店富丽堂皇的门厅，没有摔倒也没有呕吐。回到"尼采之家"，我突然感到自己所在的这个小房间无比温暖和舒适，于是终于在很多天里第一次陷入了沉睡。我睡了很久很久，醒来时已接近中午时分。我错过了去都灵的火车，但在某个层面上，我感到很轻松。查拉图斯特拉承认道："我需要伙伴，而且是活的——不是我随心所欲带往我要去的地方的死的伙伴和尸体。我需要的是跟随我的活着的伙伴，他们因为希望跟随自己而随我而来，我们一起去往我想去的地方。"或许都灵可以下次再去。而下一次，我不会再是孤身一人。

长久的伴侣

男人的成熟，意味着重新发现严肃，那种在孩提时代玩耍时曾经拥有的严肃。

——弗里德里希·尼采，《善恶的彼岸》，1886 年

"爸爸，你的耳朵怎么了？"

17 年过去了。这时我正要停止给我们 3 岁的女儿贝卡洗澡。最近她迷上了各种淤青、擦伤和疤痕——旧创伤留下的印记，而我耳朵上的伤疤虽然变淡了，但远没有完全消失。两只被打湿了的小手抓住我的脖子，把我的脸拉到与她的眼睛平齐的高度，她的嘴离我的面颊只有一英寸。在这么近的距离下，想要回避她口中问出来的问题是不可能的。贝卡缓慢而郑重其事地重复了一遍她的问题："爸爸，出了什么事？"

没有人这么问过我，而我自己出于种种原因，也从来没主动提到过它。在《查拉图斯特拉如是说》中，尼采解释说，只有孩子才能表达"一个神圣的肯定"，这构成了成年人拘束的生活中鲜有的肯定时刻。对一个孩子来说，没有什么问题是禁忌的。于是我尽可能诚实而简洁地回答道：爸爸曾经到一个名叫瑞士的地方远足，有一天晚上在山上过夜，冻坏了耳朵。接下来她

攀登尼采

自然想要知道，为什么她的父亲没有带上毯子或是帽子，我正要继续解释的时候，贝卡的妈妈卡罗尔探头进了浴室，打断了我下面要说的话——这些话一旦说出，可能会对她幼小的心灵造成永久性的创伤。"这很有趣，"卡罗尔评论道，"不过爸爸或许更想讲另一个故事。"我用浴巾裹住贝卡，把她抱进了儿童房。不过，当我在走廊里与卡罗尔擦肩而过的时候，她准许了我去回顾那段我在过去多年里一直逃避的记忆。"去瑞士旅行听上去是个不错的主意，"她悄声说，"我们应该再去一次。"

这一路的生活中，我找到过许多同伴，最终还成了一名父亲。对我来说，正如许多哲学家那样，结婚生子之路绝非坦途。我曾有过一段长达 10 年的感情，最终以离婚收场，随即又与现在的妻子闪婚，两者相隔时间之短让我的大多数家人和朋友都感到不甚体面。然后我们就一路来到了马萨诸塞州全科医院的产房，在那里我遇见了一个幼小、无助的陌生人，而她后来成了我们夫妻俩最亲密的伙伴。现在，正当我走向儿童房的时候，出现了一个选择，它将我引回到终生无子的尼采身边。

在卡罗尔的建议下，我在那年春天开了一个关于尼采的研讨班，让自己和学生们一起沉浸在他的文本之中。我上一次读这些书已经是很多年前了，同事们都对我竟然想教这门课感到惊讶，但我实际上想要做的，其实是让自己想清楚，在阿尔卑斯山间度过一个夏天究竟意味着什么。卡罗尔开玩笑说，幸好我是个人文学者而不是社会科学家，否则我的课怕是过不了伦理审查委员会这一关了——该委员会设立的目的，是为了保护参与社科实验的被试人免受伤害。我不得不承认，这门课的确有些残忍。"只有当一个哲学家可做我的榜样时，我才能从他那里获得教益。"如果尼采在这件事情上是对的，那么我们能如何从他身上受益呢？他又在何种意义上能做我们的榜样呢？这就是我在课程开始时，向全班提出的问题。

"我之前一直都过得挺幸福的，"一个学生在学期过半的时候告诉我，"直到我开始读尼采。"

不过我们还是继续读了下去，而且这是我执教 9 年来，第一次没有任何学生中途退课。班上的大多数学生都正在 20 岁的门槛上，所以我们选择从尼采刚刚成年的时期开始阅读，当时他在莱比锡大学，在我们今天会称之为"研究生院"的机构求学。据他的妹妹伊丽莎白回忆："我哥哥在他学生时代完成的工作量之大，几乎是不可思议的。"在莱比锡，他从解读希腊历史学家第欧根尼·拉尔修的《名哲言行录》开始，展开对古典语言学的研习。到了毕业时，尼采递交了自己关于这个题目的获奖论文，上面引用了一句诗人品达的话作为题记，而这个句子成了他之后所有著作的基石——"成为你自己"。

尽管尼采后来被严重的偏头痛折磨得无法正常生活，但据伊丽莎白形容，她哥哥在莱比锡读书时，是"一头不知何为头痛和消化不良的熊"，熊是强壮的动物，但同时也是孤独的，而尼采在他学生时代的最后一段时间里，一直在练习独处的技艺。他在日记中写道，他常在莱比锡的大街小巷漫游，心绪在焦虑

　　　　　　　　　　　　攀登尼采

和抑郁间来回摇摆。在某次漫游时，他偶遇了阿图尔·叔本华的作品。尼采告诉我们："我当时恰巧来到二手书商罗纳的店铺门口，然后拿起了《作为意志和表象的世界》……似乎有一个不知从哪里来的魔鬼，怂恿我将这本书带回家。"他听从了魔鬼的建议，于是"被这位阴郁的天才彻底折服了"。成为你自己，至少在一开始意味着你要陷入深深的抑郁。

多年来，我轻易忘记尼采对那位"阴郁的天才"叔本华的痴迷。叔本华是一位富商和一位美丽女子的儿子，从小在大资产阶级式的优渥生活中长大。阿图尔小的时候，全家经常出游，特别是常去英国和法国，有时去做生意，有时去娱乐消遣。然而，他的父亲尽管事业无比兴旺，但从没有真正快乐过。在阿图尔17岁那年，父亲因为从高处坠下而死——更有可能是跳下的。我开始想起自己为什么会忘记他了。

尼采也渐渐懂得了这一点：失去双亲之一，会给一个孩子造成贯穿终生的影响。起初，叔本华投身商业和贸易，以传承或至少是纪念其父的遗志。如果说尼采曾是个"小牧师"的话，那么十几岁时的叔本华就可以被称作"小资本家"。然而，两年后阿图尔就厌倦了家族生意，发现获取财富无法填补父亲突然离去留下的存在真空。叔本华的情绪愈发阴沉，感情波动变得更加剧烈，并且之后一直都是如此。他本可能跟随父亲走上一条不归路，然而却和尼采一样决定转而献身于哲学上的父亲——和其他许许多多父亲的儿子一样。他继承了一大笔钱，并且精明地做了投资，最终，家庭的世俗财富为他成为哲学家提供了保障。

我经常觉得，哲学在尼采和叔本华身上，产生了一种悖论般的矛盾效果：它使他们得以与生活和解，却让他们几乎不可能同其他人一起生活。他们在 19 世纪中叶发展出来的这种悲观主义，根源在于两人在童年时期获得的一个信念：人的存在是不可避免地邪恶的。他们拒绝否认或粉饰世界上的苦难。如果生命有任何意义，那它一定需要到受苦中去寻得。1850 年，叔本华这样写道："除非受苦本身就是生命直接而切近的目的，否则我们的存在一定是失败的。如果世界上处处充溢着巨大的痛苦，而且这些痛苦都源于与生命本身不可分割的那些需求和必然性，却全都不服务于任何目的，仅仅是偶然的产物的话，那就太荒诞了。"受苦即生命的意义，否则生命就没有任何意义。

或许上面的话听上去太过悲观了，不过尼采也表达过与叔本华相似的观点，即大多数人为了缓解苦痛而做出的种种挣扎，最终只是让苦痛更加深重。常见的逃避手段——美食、金钱、权力、性，都是转瞬即逝的，脆弱得令人心碎。生命只能走下坡路，必然会越来越快地衰朽下去。这一点对所有生物都成立，但唯独人类有着回忆和预见的能力，因此与无知无识的野兽不同，他们还能够重温过去的恐怖，并且清楚地预见自己不幸的死亡。当然，政治、教育、宗教和家庭生活这些事务，都可以用来分散人们的注意力，但它们无法缓解生而为人带来的痛苦。上述关系和机构也与身在其中的人的生命一样脆弱，不可凭恃。

叔本华的哲学悲观主义被他的母亲约翰娜视作"与生活全然脱节"——至少，与她本人的生活完全不协调。叔本华的人格与他的哲学一样不友善，他经常会经历长时间的抑郁和突然爆发的怒火。他曾对一个被他袭击受伤的妇女支付赔偿金长达20年，起因是这名妇女在他门外讲话时有些聒噪。叔本华26岁的时候，约翰娜在信中向他陈述了一个明显的事实——他实在太难相处。她描述了他对他身边的人造成的负面影响，并建议他搬到离她远一点的地方去。他照做了，从此二人再没见过面。约翰娜在这之后又活了24年。在与自己的母亲也疏远了之后，叔本华在其后46年的生命里始终孑然一身，这为他带来了"欧洲大陆的隐士单身汉"的绰号。但这并不是说，他从未尝过爱情的滋味。他曾与歌手卡洛琳·李希特有过一段激烈而跌宕起伏的情史，但鉴于她有许多追求者，而叔本华又对长期的亲密关系始终缺乏安全感（这也情有可原），这段感情从来没有升级成稳定的恋爱关系也就不足为奇了。叔本华这样告诉我们："结婚，意味着被蒙上眼睛，把手伸进一个装满蛇的袋子里，妄想着从里面将一条鳗鱼找出来"。

尼采在叔本华身上看到了某种东西：他自己。"从每一行字里，我都仿佛听见弃绝、否定和放弃的呼声，"他这样评述叔本华的作品，"我在这本书中看到了一面镜子，将世界、生命本身以及我自己的灵魂都原原本本地反映了出来，其准确性令人惊骇。""日耳曼尼亚"读书会的其他男孩都逐渐成年、成家的时候，尼采仍然是孤身一人，先在莱比锡，之后又到了巴塞尔，他只与他的书本形影不离。在他们关系最亲密的时候，理查德·瓦格纳将尼采的精神失衡归结到了一个根本原因上：你的生活中"似乎缺少了年轻的女性"，作曲家这样评论道。事实并非完全如此，但尽管尼采这时仍然想寻觅一个合适的伴侣，却始终没有找到。

有些话我并没有和我的学生们讲——比如，尼采在恋爱方面的困难，是如何专属于哲学学科本身的。我和我的第一任妻子大学期间在一门有关欧洲存在主义的讨论课上认识，当时恰逢我无比痴迷尼采的那段时间。她研究论文的主题是丹麦哲学家索伦·克尔凯郭尔和他的"间接沟通"（indirect communication）方法。这是一种隐晦到令人抓狂的操作，一种被苏格拉底运用得炉火纯青的智力戏法，可以让一个作者在传达某个讯息的同时，避免为这一声明负责任（这也就是克尔凯郭尔的许多书都用假名写作的原因）。这种做法被认为具有某种深刻的教育功用：它使教师可以教学而不成为学生的偶像，而学生可以学习而不成为追随者。从理论上来说，这种理念几乎可以被称作"尼采式的"——而我事后也的确意识到了这一点，但在当时，我将其视作一种消极攻击和不诚实（bad faith）的混合体，恰与存在主义的自由背道而驰。我和她以一种只有两个哲学家才能做到的方式争吵：一刻不停地、私密地、掺杂着近乎性吸引的激情地。最终，它让我们走进了婚姻。

在恋爱方面，克尔凯郭尔的运气只比尼采好一点点。这位丹麦哲学家曾与一个美丽而聪慧的女子雷吉娜·奥尔森订婚，但当婚期将近时，克尔凯郭尔退缩了，认为自己因性情忧郁而不适合建立长期亲密关系。我和我的前妻本来也应该得出这个结论的，然而我们却在宾夕法尼亚州中部的一个小教堂举办了婚礼。婚后最初几年，或许是出于纯粹的疲倦，我们两个人都停止了阅读各自的存在主义作品，开始致力于一些更有益于心理健康和人际关系和谐的学术问题。她离开了克尔凯郭尔，转而攻读婚姻与家庭方面心理治疗的博士学位；而我也从尼采转向了美国哲学，特别是爱默生与梭罗。然而裂隙已然形成，这些都于事无补。最终决定分开，是我们少有的明智而意见一致的抉择。后来她又嫁给了一名轰炸机飞行员——我只能寄希望于他从没读过克尔凯郭尔——而我再婚的对象则是卡罗尔，一位痛恨尼采的哲学家。

卡罗尔是一个康德主义者。人们通常以康德为德国哲学家中最伟大的代表人物，然而尼采却称他为"毒蜘蛛"——灾难体系的建造者，他编织的观念论之网让许多优秀的思想家深陷其中，无力脱身。康德是秩序、和谐、理性以及最重要的责任等一系列启蒙理想的集大成者，而击破上述哲学概念，正是尼采的毕生追求所在。康德感兴趣的是"自律"，但尼采声称，他所推崇的那种精确而无激情的自律，是与基督教中的虔诚和自我牺牲观念完美契合的。康德是绝不会远足或极端禁食的那种人，他只会重复在同一条路线上以平缓节制的速度散步，每天遵循固定的日程，从未踏出过家乡小城柯尼斯堡的高墙半步。据传，柯尼斯堡的居民甚至会根据康德著名的"哲学家漫步"时间来校准钟表。这种循规蹈矩的步行习惯是尼采所难以想象的——尼采认为这是心智被禁锢的明确表征。在《敌基督者》中，他这样描述康德：

那个心怀基督教教条的虚无主义者（即康德）却将快感视为反驳。工作、思考和感受，却没有内在的必然性，没有极为个人的选择，没有快感，成了"责任"机器，还有什么比这能更快地毁灭了我们呢？这恰是开给颓废，甚至是开给白痴的药方……康德成了白痴。

卡罗尔认为这是一派胡言。她被康德的以下信念吸引：自由根植于我们的理性能力，而非反复无常的激情，而后者被浪漫主义者，以及那些延续浪漫主义遗产的思想家如尼采奉为圭臬。根据康德的观点，情感经常将人们引入歧途，因为它会听任个体混淆道德律令与个人偏好。被激情驱使的人们会忽视道德责任，行违反理性之事。卡罗尔觉得尼采是个四处流窜的傻瓜，或至少是个被误导了的可怜虫。

遇到卡罗尔的时候，我几乎已经从尼采的影响中走了出来，几乎成功治好了自己对远足和禁食的痴迷，转而拥抱一种试图在自我决定与道德责任之间寻求平衡的美国哲学。我决定，或可以说尝试进行这一哲学兴趣上的转变，是为了改变自己。美国哲学家们——爱默生、威廉·詹姆斯、乔西亚·罗伊斯——接续了哲学上的漫游传统，前往新英格兰的山间寻找灵感和专注。不过他们的远足经常是成群而行的，与几位哲学上志同道合的思想者共同完成一个哲学课题。在他们的帮助下，我慢慢地、蹒跚地学会了与他人一起悠闲地行走。

当一个人花时间阅读并爱上某个特定的哲学家时，他渐渐就会无法区分由客观事实组成的世界和想象出来的由理念和观念构成的世界。这就是阅读哲学所能带给人的真正乐趣之一，既充满危险，又包含着救赎的可能。将尼采的疯狂抛在身后，转而拥抱美国思想家们更为节制的思考，甚至于转向康德之后，我慢慢知道了该如何生活下去，并且在一番艰难的探索后还学会了如何去爱。而且这让我变得更快乐了。我甚至还写了一本关于美国哲学的疗愈功效、关于智慧之爱如何将两个人的心拉近的书。然而，在教过一天尼采课之后的寂静的夜里，那些高峻的山峰开始再次对我发出召唤。

尼采以及受他影响的一类自由思想者，至少在人们的刻板印象中，是热切而浮夸的男性气质代言人、规则的破坏者、怀疑论者，用爱默生的话说，是一个"不落俗套的人"（nonconformist）。而我此时要扮演这样一个角色，已经太老了。对于年近四十的人来说，追随一个哲学上的偶像破坏者离经叛道的脚步，是要付出代价的。考虑到我和那个国度之前的纠葛，卡罗尔向我提出前往瑞士的邀约，堪称令人钦佩的勇敢之举，然而，一想到和她一起回到瑞士，我的脑海中就涌起一种噩梦般的不祥景象：正处于自己智识巅峰期的男人，在一次井喷般的疯狂创作过程中触及了或许是真实的，但更有可能只是臆想中的伟大，同时斩断了与他人的所有关系，还差点杀死自己。尼采的阿尔卑斯山就是有这样诡异的魔力，能够放大和激化所有的情绪体验，无论是愉悦畅快还是沮丧忧郁。我还记得他在 1883 年 3 月写下的这些话，此时他已切断了与所有家人和朋友的关系，第二次逃入锡尔斯-马利亚。"我对一切都丧失了兴趣……感到自己如此不完整，如此强烈地意识到我已经毁掉了自己作为创造者的整个生命。"三个月后，他正要尝试自杀之前又写道："现在我正在工作，就像离开之前要最后一次整理房间的人一样。"

十几岁时，我将尼采引为自己的同道之人，曾经将这些他在痛苦中写下的语句视若珍宝。但 36 岁的我读到它们的时候，却只是感到恐惧。如果卡罗尔和我这回再次跟随尼采的脚步进山，却不幸跌落或跳下去的话，就会失去许多可堪留恋的东西：我们的女儿贝卡，我们挂念着的学生们，两份哲学界中难得的好工作，一座离瓦尔登湖仅几步之遥的家庭农庄，健康，在同事们心中的地位，彼此的陪伴，还有所有本应用来享受这一切的时间。在这个时候，偏偏要回到阿尔卑斯山，这简直是个不知好歹的念头。

然而，我的心绪仍然不由自主地向那位久违的哲学隐士飘去。长久的单身汉尼采认为，婚姻只可能有两种特定的形态。用他的话说，婚姻有可能仅仅是"一件漫长的蠢事"，两个无计可施的绝望者以所有传统习俗为名挖下陷阱诱捕对方，以遮掩自己的匮乏。"唉！成对的灵魂如此肮脏！"尼采大喊道，"唉！成对的舒适如此可怜！"卡罗尔和我结婚的时候，曾许诺永不为这种"成对灵魂的肮脏"推波助澜。她主动提出与我共担风险一起远足，也是在践行这个承诺。尼采认为，婚姻既可能是一个漫长的错误，也可能蕴含着另外一些更为高贵的东西，"两个人的意志，就是要创造一个他们自己的后代。作为这种意志的愿望者，彼此互相尊敬，我称之为结婚"。而这就是我们二人可能会在山中找到的东西之一。卡罗尔或许觉得尼采愚不可及，但我一度崇拜过他这件事，在她心中仍然有些分量。对此，她不仅仅是好奇，而是真的想要理解。

我联系了锡尔斯－马利亚的"尼采之家"，那里的馆长向我保证，我年轻时住过的那个离尼采卧室最近的、有着未经打磨的粗糙墙壁的房间正空着，可以入住。我还记得它低矮的天花板和朴实无华的墙面，在傍晚时分随着时间的推移，是如何对独处其间的访客逐渐产生压迫感的。虽然房间两个人住有些小了，但我和卡罗尔可以挤一挤。我用了一个月时间研究机票和安排行程，然而却总觉得整个旅行计划少了点什么——或者说，少了某个人。尼采可以独自游历欧洲几个星期，只偶尔与某个朋友同行一段，但尼采没有孩子。

我们最终还是决定带上贝卡。归根结底，最开始是她想要知道我的耳朵出了什么事。如果带上贝卡，我们就不能住在"尼采之家"了，虽然卡罗尔不会被那里阴沉压抑的房间吓到，但迫使一个4岁孩子直面生命中的恐怖真相完全是另一回事。我们会保留在那个旅舍——博物馆的房间（这样当我想再次体验那种感觉的时候，就可以随时去住一晚），也可以在外面露营一个月，但我们还是需要预定另外的住处。我唯一想住的地方就是"尼采之家"后面小山上的那间酒店，我在离开锡尔斯－马利亚的前夜曾在那里吃过一次大餐。

19岁的时候，我不知道、没注意也毫不关心那间酒店叫什么名字。但它实际上有个远近皆知的名字：锡尔斯—林居。这座豪华壮观的酒店名字直译是"森林中的房子"，在过去的一个世纪，它始终源源不断地吸引着前来追踪尼采的朝圣者：托马斯·曼，西奥多·阿多诺，卡尔·荣格，普里莫·莱维，以及我最最喜欢的一位，赫尔曼·黑塞。即使称这间酒店为后尼采哲学的摇篮也毫不夸张，它为人们亲身贯彻尼采这位哲学家与英雄的思想提供了空间。托马斯·曼、阿多诺和黑塞都在这个酒店里盘桓了数月乃至数年之久。"尼采之家"的简朴寒素与林居的奢华形成了鲜明对比，这让我在预订房间之前犹豫了一会儿。然而不知怎地，一切似乎都恰到好处，甚至这种对比的暧昧感也让我感觉很"对路"。住在这里给了我借口重读黑塞的《荒原狼》，一个关于某人的分裂本性的故事，我向来将这本书当成尼采最私密的心灵传记。

末等人

确实，人是一条不洁的河。要能容纳不洁的河流而不致污浊，
人必须是大海。

——弗里德里希·尼采，《查拉图斯特拉如是说》，1883 年

我们决定全家一起追随尼采进山，然而在此之前，我们需要首先面对机场和一场跨大西洋飞行的考验。而据我所知，这是整个旅行中最乏味的一部分。尼采以其关于高山的哲学而闻名，然而他哲学生涯的开端却是在远离群山之处，始于批判现代文明对生命力量的压制和削减。他笔下的查拉图斯特拉解释说，妨碍人们成为"超人"的最大阻力，就是他称之为"末等人"（the Last Man）的角色，"末等人"代表了现代世界所特有的、死气沉沉的高效。"超人"是人类的未来理想，是我们可以追求并最终达到的目标。然而"末等人"却使得这条探索之路困难重重。在那个雾气朦胧的 8 月傍晚，我几乎能肯定波士顿洛根国际机场就是由"末等人"建造的，而且他现在仍然阴魂不散地盘桓在那里。

今天，从洛根机场的跑道上亮起的灯光完全遮蔽了星空，飞机的轰鸣也让人无法集中精神思考任何事情。机场建成于 20

世纪上半叶，为了修建它，本来隔在波士顿与大西洋之间的整整 2384 英亩土地被铲起铺平。当时有几位生活在海滨平原上的、桀骜不驯的自由主义者横躺在运走沙子的卡车前以示抗议，不过这几位勇士随即就被警察塞进车带走了。秩序得到了恢复。海滩消失了，在原处建起了 6 条跑道，每年运送的旅客达 3000 万人之多。我们到达机场的时候，简直要以为那 3000 万人此刻全都在机场里呢。

跨大西洋旅行刚刚兴起的时候，世界还是一个很大的地方。那些敢于冒险踏上这一旅程的人，有相当大一部分会染上致命的疾病死在路上，可能只有一半的人最终能够到达目的地。然而今天，"大地变小了，"尼采写道，"使一切变小的末等人在上面跳着。"根据查拉图斯特拉的观点，末等人视安全和舒适为一切幸福的根源。人生就像乘坐红眼航班一样，应该尽可能轻松平顺地度过。"'我们发明了欢乐！'末等人欢呼。然后他眨了眨眼睛。"尼采在巴塞尔的经历让他知道，这种心满意足自有其麻木和虚假。当我环视洛根机场时，注意到在尼采逃入锡尔斯－马利亚的 150 年后，这一点仍然没怎么变。实际上，现在已经很难想象尼采当年曾经对这个国家寄予厚望：美利坚合众国是希望之地，他认为，在那里个人主义和自由或许会真正生根发芽。在这件事上，他可能犯了个错误。

我们踏上机场航站楼的自动人行通道，经过一大排似乎没有尽头的零食摊，来到了一座大型商场的门前，旅客可以在这里购置旅行必需品：充气颈枕、电热毯、手机充电器等。然而尼采的作品却无迹可寻。

显然，在 20 世纪的某个时刻，美国也跟随欧洲的脚步，开始追求舒适便利，弃绝美感和风险。而尼采认为，对维持健康表象的痴迷远远算不上真正的健康。在这一点上他与古罗马历史学家、哲学家塔西佗所见略同。尼采这样写道："在讨论人身体的健康时，医生们不会赞赏那些要靠终日忧虑自己的身体状况才保持健康的人。仅仅不生病算不得什么……如果身体没出毛病就是他最大的成就，那么他实际上与残疾并无两样。"根据尼采的看法，"健康"分为两种：一种是空洞无意义的，仅仅是在试图尽可能拖延死亡的时间；而另一种则是肯定性的，它完全地拥抱生命，包括其中所有的缺陷和过度。

　　30 岁时，尼采已然开始被一系列病痛侵袭。他在普法战争中作为医护人员服役时感染了白喉与痢疾，还有我们今天称之为"创伤后应激障碍"的毛病。19 世纪 70 年代的大多数时间里他都在试图治好这些病，却未能如愿。不过，当他在巴塞尔的教授生涯结束时，尼采开始重新构想"健康"的意义。他再次回到古希腊汲取思想资源，称希腊人那令人赞叹的力量是"agon"的产物——这个希腊词语的意思大致是"摩擦"或"较量"，而较量绝不会令人舒适。病痛可以让人最终屈服于它的淫威，但也可以成为一种供人英勇抵抗的试炼。尼采称，希腊人从不否认人类的痛苦和局限性，而是力求将其通过艺术转化成更好的东西。希腊悲剧中的人物会把握并接纳受苦为自己的一部分——他们主动领受苦难，因而失败和限制就变得富有意义，甚至变得光荣。人类的存在是残酷、艰辛的，而且短暂得令人心碎，然而古希腊的悲剧英雄们找到了一种让生命的戛然而止也充满美感或者说美学意义的方式。当尼采在《悲剧的诞生》中声称"存在只有作为一种美学体验才能被证明"的时候，他要说的就是这个意思。

美学体验——对优美或崇高之物的经验，经常被认为不应属于现代哲学家的研究范围。随着科学革命的进程加快，人类进入了启蒙时代，思想家们开始将理性和道德的理想看得高于其他一切。人的决策和行动应该受实践智慧、逻辑和理性等普世原则而非某种模糊的、对美感生命的追求引导。与之相反的是，尼采相信追求审美体验是我们用以对抗存在的恐怖的唯一出路。古希腊人是在一种最强健的意义上理解美的——他们认为，美就是将苦痛和折磨升华成某种富有创造力的、令人心驰神往的东西。对希腊人来说，"为艺术而艺术"是无法理解的，艺术的目的在于让人们学会像欣赏一件艺术品那样看待生活中的冲突和矛盾，甚至是丑恶与卑鄙。

我的目光越过航站楼，投向一间运动主题的酒吧墙上闪烁的电视屏幕。环法自行车赛进行得如火如荼，靠两条腿驱动向前的骑手们正在阿尔卑斯山间行进。在山中，可能发生撞车、脱水、肌腱拉伤、骨折……他们可以说是在自杀。但这同时也是一项很美的活动。洛根机场里一群喝着啤酒的美国人聚集到酒吧桌旁，开始一边吃汉堡一边看比赛。我们的文化中仍然残存着与那些悲剧斗争相关的痕迹，但已经微弱到几乎不可见。高风险的激烈赛事被仅仅视作奇观，而非日常生活必不可少的一部分。我们艰难地挤进餐馆，给贝卡点了个套餐，自己喝了些东西，观赏着墙上骑手们翻山越岭的二维图像，尽可能愉悦地打发掉起飞前的这段时光。

在之后一个小时里的某个时刻，我发现我的《查拉图斯特拉如是说》不见了。我在酒吧、洗手间和其他店铺里到处寻找，却一无所获。他不在了，我多年的伴侣，在无论是顺境还是逆境都伴我身旁的久经风霜的良友，最后还是抛弃了我。卡罗尔安慰我说，到达目的地后总可以买一本新的。航班开始登机了，于是我们跟在其他乘客身后排成一条直线走向闸门，出示登机牌，走过舷梯和过道，找到各自被分配的座位坐下。贝卡溜到了我们两个中间，我们准备好面对接下来的漫长飞行了。一个体型庞大的人将身体塞进了附近的一排座位，并开始把自己安排得舒舒服服——枕头、毯子、羊毛袜子、隔音耳机、安眠药片。"末等人"眨了两下眼睛，露出睡意蒙眬的空洞微笑，飞机还没起飞就睡得不省人事了。我也向后躺在了椅背上，把贝卡拉到膝头，尽可能放松下来。然而我始终无法摆脱那种被尼采称作"unzeitgemässe Betrachtungen"的东西——不恰当的念头、不合时宜的思绪。

Unzeitgemässe Betrachtungen 这部文集，通常被翻译成《不合时宜的考察》(*Untimely Meditations*)，收录了尼采 30 岁到 40 岁之间写作的文章。后来他称这些文章"为我深藏于内心的所有消极和反叛提供了发泄的出口"。一个一体两面的主题贯穿《考察》一书始终：激烈拒斥西欧的整个智识、政治和文化建制，

同时许诺捍卫一幅替代性的"生命图景"。在绘制这幅图景时，他将借助叔本华的悲观主义，用尼采的话说，这种悲观主义"背后自有一种理想，一种强力而富有男子气概的严肃性，对浅薄和无实质之物的厌恶与对健康和简朴的热爱"。悲观主义让他摆脱了"认为日常生活有意义"这个错误想法，进而得以准备好追寻更高的目标——至少暂时地去拥抱超越性的可能。尼采曾一度相信这种超越性蕴含于理查德·瓦格纳的音乐中。

尼采是在他在巴塞尔即将开始担任巴塞尔大学教授时遇到瓦格纳的。他当时正在寻找一位导师和一条逃离学院思维方式条条框框的道路；而瓦格纳也在寻找一个能够发表文章捍卫自己音乐的门徒。他们第一次见面，就在热烈深入的哲学讨论中建立了亲密的友谊。瓦格纳邀请这个年轻人去拜访他位于特里布申、卢塞恩湖畔的夏季寓所，尼采接受了邀请，由此开启了一系列类似性质的短途旅行，在 1869 年后总共有 20 次之多。这些旅行为他早年的浪漫主义信念奠定了基础。大体上说，浪漫主义者相信人生的目的就是要融入自然，被宇宙精神所启发，面对自然的无限去探索最深邃的主观情感体验——无论是美学的、道德的还是精神的。瓦格纳的特里布申寓所的布置，也旨在推动这种形式的自我发现。作曲家在那里为他前程似锦的门徒特别保留了一间客房。在提及他同瓦格纳度过的最初一段日子时，尼采这样写道："我只能说，似乎我们头顶上永远是晴空万里，见不到一片投下阴影的云朵。"

巴塞尔学术界的气氛狭隘而偏向科学主义，充斥着乏味的等级制和对高级文化的附庸风雅。尼采称其为一个索求并奖赏从众和卑躬屈膝行为的"犬舍"。瓦格纳和他的伴侣在卢塞恩创造出的那个世界则全然不同，它超凡脱俗、富有神话色彩和奇思妙想，到处都是缪斯和天使。瓦格纳建立的国度是刻意反现代的，其背后的指导原则是只有通过崇拜来自遥远过去的美，才能拯救丑陋的当下世界。这一想法与尼采作为语言学家的直觉很合拍，他在接下来的一段时间里，成了瓦格纳最热切的拥护者。在《人性的，太人性的》一书中，尼采提道："如果你没有个好父亲，就应该去为自己找一个。"他试图让瓦格纳充当这个"好父亲"的形象，但这个愿望最终落空了。

然而，在卢塞恩找到一个位置并非易事。尼采说到底仍然是个保守派母亲教养出来的儿子，这让他始终难以彻底认同作曲家的生活方式。瓦格纳此时刚刚与柯西玛·冯·布罗（李斯特之女）生下他的第三个私生子，这种伤风败俗的行径让年轻的教授颇为不适。这对夫妇最终正式结婚时，尼采可能是最为之高兴的人了，之前两人非法同居期间他每次见到他们在一起，都会变得尴尬而沉默寡言。因此，瓦格纳与柯西玛在1870年夏天的婚姻，标志着尼采对他们艺术构想的投入进一步加深了。与其他许多建立在仰慕崇拜之上的关系一样，尼采与作曲家间的情感关系也是极为不平衡、不正常的。瓦格纳将攻击他音乐的敌人列了一个"死亡名单"，然后将在学术观念上"刺杀"他们的任务分配给了尼采，后者在他们友谊的最初几年，心甘情愿地扮演了这个角色，成了"拜罗伊特运动"在哲学上的代言人，这是一个详尽的计划，旨在将这个名不见经传的巴伐利亚小城脱胎换骨，变成浪漫主义者的朝圣之地。拜罗伊特大歌剧院于 1872 年奠基时，尼采也在现场，他自豪地宣称自己是一位"瓦格纳哲学家"。《悲剧的诞生》于同年出版，并在巴塞尔的传统语文学界得到了一片恶评，但瓦格纳的拥趸却热情地拥抱这部作品，把它当成一部复兴欧洲文化的操作指南。柯西玛祝贺了尼采这部作品的成功，将其评价为"获取瓦格纳知识的最佳来源"。她这一双面性的措辞颇有讲究，既是称赞也是贬低。儿子须小心从事，不得僭越其父的地位。

在柯西玛的心目中，尼采之所以受欢迎，全赖他扮演着她丈夫天才思想的传声筒角色。尼采的名声附丽于他的从属地位。到他完成《不合时宜的考察》中的第四篇文章《瓦格纳在拜罗伊特》时，这位年轻的教授已经开始理解自己的处境，而他对瓦格纳的看法也慢慢地发生了变化。他坦承他为自己选择的这位父亲是一个"奇怪的谜团"，但尽管如此，他仍然像一个鬼魂或一个神那样，要求被敬拜。然而尼采的爱却鲜少得到回应，即使在有回应的时候，瓦格纳的垂青也从来不是免费的。

瓦格纳在某个格外温柔多情的时刻在给尼采的信中写道，"你是生命带给我的唯一奖赏"。然而这一次，或者说每一次都是如此，这位年长者的赞扬要求得到回报。他想让哲学家做他们夫妇第三个孩子齐格弗里德的指导教师。"他需要你，"瓦格纳写道，"这个男孩非常需要你。"在许多方面，尼采都是真正"需要"他人的那个，而他的"父亲"深知这一点。《悲剧的诞生》出版后，瓦格纳向他年轻的门徒倾吐心声："我跟柯西玛说过，你是我心里第二亲近的人，仅次于她。"这可能是真的，但这样的赞扬之外也伴随着辱骂和贬损。随着尼采进入中年，他渐渐在字面意思上成了瓦格纳夫妇的"小跟班"——替他们去巴塞尔的商店里买鱼子酱和杏子果酱，到装订商那里去重新装订瓦格纳的经典作品集，甚至去裁缝店为瓦格纳取过内衣——最后这件事可以证明他与瓦格纳一家关系亲密。理论上，尼采和瓦格纳的关系应该被赋能和自由所定义，但实际上它经常体现为一种明显的掌控和压迫。

最终，瓦格纳完全未能缓解年轻的尼采的痛苦，或是他对生活总体上感到的紧张不适，也就毫不令人意外了。生性冷漠而悭吝的作曲家是个很差劲的"代理父亲"，然而还存在另一个表现为哲学问题的难题。尼采坚持认为，只有美学体验才能证明存在是正确的，而人生的价值则体现为对生命乐章中的所有音符都能有所感知，并能相应地与之协调——不只是昂扬的高音，也包括那些最轻柔微弱的音域。在他逃进锡尔斯—马利亚的山中之前，他开始认为瓦格纳缺乏这种敏锐和专注力，认为瓦格纳所谓的艺术实际上并无法在美学上令人愉悦。沉寂，然后一串渐强音，再次沉寂，再一串渐强音——瓦格纳带着他的听众一轮轮地重复这个"绝望—救赎"的情感循环。这套操作初见会让人感到惊艳，但尼采最终得出结论：它几乎毫无实质性内容。这种残暴的宣泄和净化具有其魅力，能让小资产阶级顶礼膜拜，但同一个循环听多了人就会渐渐厌倦。尼采已经厌倦了。在某个瓦格纳对自己的成功还没那么确定的时刻，他曾考虑过如果干脆在自己的歌剧作品中完全放弃音乐的话，是否更能实现他设想中的情感冲击力。在这一点上他可能是对的。配乐在瓦格纳戏剧的宏大制作中只是个附属品，而非其核心的组成部分。当尼采开始反对瓦格纳的时候，他写道：

> 我先端出下面这个观点：瓦格纳的艺术是病态的。被他带到舞台上的问题——纯属歇斯底里的病人的问题，他那情绪的痉挛，他那过度亢奋的敏感，他那要求越来越强烈的作料的趣味，他那被他装扮成原则的不确定性，尤其是他对被视为生理类型的男女主人公的选择（一个由病人组成的长廊！）——这一切加在一起，表现为一幅无可置疑的病态画面……

对这位哲学家来说，最重要、最具决定性的一点是，这些宏大而愚蠢的演出是在索求盲目的狂热。在 19 世纪 70 年代末期，去看一场瓦格纳的歌剧与参加宗教仪式之间，并没有那么大的区别，而这位作曲家对同时扮演大祭司和典礼官简直求之不得。当时德国人在普法战争中刚刚取胜，发起于 1876 年的拜罗伊特音乐节恰逢其时，作为一种半宗教半政治性质的仪典崇拜而出现，将日耳曼民族主义与某种狂热的新教主义熔于一炉。根据尼采的说法，瓦格纳此时已经成了一个推销员或民族英雄，而不是真正的、忠于生命本身的艺术家了。事情发展到这一步可能不全然是瓦格纳的本意，但他和他的新婚妻子都爱上了他们迅速获得的明星身份。许多德国人认为，日耳曼文化的优越是出自上帝的旨意，而瓦格纳的歌剧则被当成了对上帝和国家两者的终极赞颂。

所有这一切都让尼采感到厌恶。他和瓦格纳的关系始于莱比锡的那场关于哲学和拒绝从俗的私人交谈，但十年过后，却变成了拜罗伊特瓦格纳音乐节上高歌猛进的民族主义和宗教狂热。这段关系最开始许诺的是自我肯定，如今却沦为在偶像崇拜名义之下的自我克制。起初的创造力和内在表达，成了大众趋之若鹜的商品，同时其价值也变得可疑起来。这对于尼采来说，是对友谊的巨大背叛。回忆往事时，他这样描述拜罗伊特的第一场盛会——"我们又一次地发现瓦格纳将'日耳曼人的美德'披挂全身"。音乐节的观众——它逐渐聚集起了越来越多的狂热拥趸，让歌剧这种美学表达的至高形式变成了粗俗的国民娱乐。"瓦格纳追随者，"尼采说道，"成了瓦格纳的主人——嚷嚷着'日耳曼的'艺术、'日耳曼的'大师、'日耳曼的'啤酒。"

美学体验能够证明人类存在是正当的，但也同样可以使其变得无意义。艺术的大规模生产和消费大可以用来分散其受众的注意力，遮蔽其目光，使其盲而不自知。到了1878年，尼采与瓦格纳最终决裂的时候，他很清楚地意识到了这个危险：拜罗伊特的狂热信徒"需要瓦格纳做他们的鸦片，以获得沉醉迷狂的体验，暂时忘掉和摆脱他们自己……"对当时的很多德国人来说，这就是"救赎"的意思：在爱国主义和基督教的奇观震耳欲聋的音乐声中陷入自我遗忘的迷狂。尼采被彻底激怒了，自19世纪70年代末以降，他写下的所有文字都沾染上了这种愤怒。尼采从被瓦格纳吸引到与之决裂的经历，对于他退隐山中的这个选择有着决定性的影响，因而算是他伟大远足的背景故事。

透过飞机舷窗的遮光窗帘，能看到阳光正在变亮。我们快到了。熟睡的贝卡在我怀里动了一下。她是个漂亮可爱的孩子，但被抱得太紧。我松了松手臂，闭上眼睛。

瓦格纳对尼采的吸引是缓慢而几乎难以察觉的。我能理解这一点。在开始痛恨我的父亲之前，我曾经想要成为他：毕竟他的确相貌堂堂、魅力四射，而且令人难以捉摸，因此是一个值得崇拜的对象，特别是对于一个小孩子来说。

在我4岁到10岁之间，父亲偶尔会告诉我，他从没想过要孩子，但在我出生之后，他也并没有像之前所以为的那样把我当成负担。于是我渐渐就会开始回忆，实际上是回味这些奇怪的、摇摆在骄傲和羞愧之间的时刻。

在我们还没断绝父子关系的时候，他有时会在周末突然造访，给我们穿上适于乡村俱乐部场合的服饰，将我们从与母亲的平淡生活中拉出来，带到德文郡马术表演会上看他的女朋友比赛。这被当成一种款待，奖给表现优秀的孩子的例外假期。骑手们操纵着他们驯顺的马儿完成舞步时，我们就安静地坐在一块红色格呢毯子上鼓掌，但也不会拍得太响。即使在当时，我也很同情那些马。我们在这个场合要穿的花呢衣服又紧绷又扎皮肤，但我们每次都乖乖地，甚至是兴高采烈地穿上它们。因为只有非常"幸运"的小孩，才能得到这个让自己不舒服和尴尬的机会。与瓦格纳交游的经历让尼采明白了一个道理，之后尼采又将其传授给了他的读者——我们内心深处对美和对爱意的渴求，其根源经常是匮乏、忧郁和痛苦。

　　被安全带绑在飞机座位上的我，开始试着放松手臂，打算小睡一会儿，并且除了山什么都不想。

永恒轮回

一切的症结端在于：你是否想要这一切重来一次，永永远远地重来无数次？

——弗里德里希·尼采，《快乐的科学》，1882

尼采的家庭在他童年时解体了，于是他投身学业，试图从中求得意义。当他年纪轻轻就在学术上崭露头角后，却对学术界深感失望，继而转向高雅艺术。而当他进入中年，发现自己原来相信的高雅艺术也不过是无谓的闹剧时，他求索的目标就转移到了——或者说进入了——他自己。

那是1877年，他33岁，即将进入锡尔斯－马利亚的山中。多年后尼采回望这段介于他早期和晚期作品中间的"悬置时期"（limbo）时，认为这是一个"自我发现的关键时刻"。他选择避入山中，不是为了远离瓦格纳，或避开整个文明世界，而是为了找到，或者说回到他自己的道路：

> 当时我做出的决定绝不是与瓦格纳决裂……（而是）一种对自己的不耐烦侵袭了我；我认识到，这该是我反思自己的时候了。突然间，我不无惊恐地恍然大悟，有多少

时光已然被挥霍掉了……就是在那时，我的本能决定开始无情地反对一种更长期的卑躬屈膝、随波逐流、自我混淆。

伴随着这个自我发现时刻的，是极重的病痛。此时尼采的健康状况已急剧恶化，偏头痛和恶心眩晕几乎与他形影不离。关于他这一系列症状的成因，直到今天也无法解释。然而奇怪的是，他自己却说病痛是引领他回归到自身之中的向导。他这样解释道："患病让我渐渐（从社会中）脱离出来，省去了主动与之决裂的必要，于是就无须实施任何激烈或冒犯人的举动……我的病痛同时也提供了一个彻底抛弃所有旧日行径的契机，它命令我忘却。"病痛让尼采有权忘却巴塞尔的责难和拜罗伊特的背叛，它也让这位年轻学者得以记起，或重新思考，他自己最为私密的个人史。这段时间，无论是在字面意思上还是比喻意义上都是一段"康复"期，让他的精神重新振作起来，并且找回那些自己在求学期间，以及在与瓦格纳共度的日子里差点失去了的东西。按他自己的说法，我们大多数人称之为"康复"的身体状况好转，仅仅是他的哲学事业带来的结果。

尼采在这个时期挥笔书就的篇章，与他年轻时写作的大部头哲学作品在风格上迥然相异。出版于1878年的《人性的，太人性的》与三年后的《朝霞》都由一系列箴言警句连缀而成，这些宛如信手写下的短句，令那些试图在其中寻找一个融贯意义的读者屡屡碰壁。它们只是尼采此时刚刚萌生的一些思想的初始形态，而他将花费整个余生来发展和扩充它们。按我的看法，这是他试图言说那些现代社会拒绝面对的禁忌之物的初次尝试。

在《人性的，太人性的》一书中，尼采写道："现在没有人死于致命的真理了，因为已经有了太多的解药"。写这些书的目的是解除我们的警戒，让我们更易于接受他将在阿尔卑斯山中写下的那些哲学，特别是《查拉图斯特拉如是说》。尼采称，《朝霞》"标志着我向道德的正式宣战"。

第一次到山中旅行时，我曾怀着青少年的热情拥抱了这句战斗口号。我在母亲密切关注的目光下度过了相对快乐的童年，但后来由于父亲的不在场渐渐加深了她的警惕和戒备，这为我们兄弟俩的成长经历投下了阴影。我们都被期待成为非常正派的"好人"。我也并非一定要做什么"坏人"（可能因为当时我还太小，太胆怯，所以想都不敢想），但当接触到一个质疑善恶观念本身的哲学家时，我还是感到无比兴奋。你想过吗，"善"可能根本就不是什么好东西！然而，我的兴奋其实是某种误解，或者说是心智不成熟的产物。在尼采看来，阅读《朝霞》其实是一个比初看上去更微妙的挑战，而不是摆出剑拔弩张的战斗姿态。我现在理解了，这就是为什么他会说这本书"丝毫没有烟火味"——这里"烟火"指的其实是战争的硝烟。

此时他呼唤的不是战斗，而是恢复。我年轻的时候并不理解这一点：用他自己的话说，尼采正在"准备一个人类最高的自我沉思的时刻，准备一个伟大的正午，其时，人类将瞻前顾后，摆脱偶然性和牧师的宰治，第一次把'何故''何为'的问题作为整体提出来"。我当时还在挣扎，搏斗，努力确立自己的主张，但还没有接触到那个更有挑战性的任务——认识自己，并重估自己的价值。而这项艰难的工作，正是尼采在来到锡尔斯之前那段时间开启的。

"重估价值"被誉为尼采为哲学史做出的最大贡献之一。他拒绝接受诸如谦卑、怜悯和自我牺牲等一系列伦理规范的表面含义，和将其当成正确行动的导引。相反，尼采提出了一些颠覆性的问题：这些价值最初是从哪里来的？它们出现的背景是什么？他们背后有怎样的被遗忘的历史？单是提出"道德价值有某种历史性的源头，它们曾起源于某时某地，而非亘古有之的绝对正确之物"这个观念本身，就已经是哲学上的激进之举了。它暗示着伦理生活完全可能是另外一种样子，而貌似稳固的社会规范和习俗实际上并无不可撼动的根基。在尼采看来，重估生命的价值要求人们具备直面这一现实的能力。

"重估价值"这一活动的原动力，来自这样一个简单的洞见："人类不会自发地走上正确的道路，也根本没有受到神性的统治，相反，恰恰是在其最神圣的价值概念的影响下，否定之本能、腐败之本能、颓废之本能起着诱惑和支配作用。""善"只是一种常常有害的偏见，其本身需要被彻底重新审视。换言之，我们需要去除所有那些统治着很大一部分人存在的形而上学虚构，如宗教和意识形态，而这只是其中较为简单的部分。重估价值还需要我们担负另一个承诺或任务：一旦道德的根基被连根拔起，偏见得到了清除之后，思考者接下来就要去质疑人类存在本身的终极价值。没有了传统的形而上学和宗教，人就会被抛入——或者说回到自然界之中，不得不在这片荒原里为自己制造意义。最后，也是最令人生畏的一步：去弘扬力量与生命，即自然的两大驱动力，同时避免重蹈过去世界乏味压抑的覆辙。

每一个步骤都比前一个更艰巨——尼采在山中用了十年时间才想清楚这些。

我们将在锡尔斯-马利亚停留 13 天。我知道这算不上多长时间，但还是可以完成一些事情。毕竟，尼采写完《查拉图斯特拉如是说》的前三部分也只用了这么久。

我们的航班降落在苏黎世，这座城市在精神气质上堪称尼采的巴塞尔的翻版，也就是说，与巴塞尔同样毫无灵魂。我们尽可能快速地离开了那里，这次坐的是汽车。去往锡尔斯-马利亚的路程很长，特别是在一夜未眠之后，就显得更加漫长了。我盘算着，125 英里在我们带着一个幼儿的情况下需要 4 个小时多一点，如果我自己一个人走还能快上不少。不过随着我们渐渐接近库尔，这个念头就迅速消失了，因为我记起上次自己试图一个人走的时候差点死掉。我曾在库尔、施普吕根和尼采之家间的山里迷路，走到脚后跟受伤流血，还冻伤了耳朵——花了很多天才到达目的地。

库尔一点都没变。实际上，在很多方面它可能从来都没变过。自 5000 年前的青铜时代以来，这里就始终有人居住，而这一漫长人类活动史留下的迹象随处可见。"我们需要历史，"尼采告诉他的读者说，"因为过去以千百种方式留存在我们身上。实际上，所谓自我，无外乎每时每刻对不断奔涌向前的时光之流的持续感知。"库尔曾在 1464 年毁于大火，然而当德意志工匠后来重建这座城市的时候，新的建筑仍然是在之前建筑的基础上建造的。与很多现代城市不同，这座小城在周围的自然景致中完全不显得突兀，而是温柔地坐落在高耸的群山之间的谷地上。这也是一种存在于过去之中或立足于过去之上的方式——在这里，"过去"意味着深埋于地下的、形成于冰川时期的岩石。

我们是在八月中旬一个凉爽的星期日来到这里的。我还记得尼采初来时在给他母亲的信中写道："库尔城笼罩在安息日的平静和一种闲适的午后氛围之中。和前一天一样，我沿着市中心的主路漫步，面前的每一件事物都改变了它们的形态……"，"改变形态（transfigured）"这个词比"变化（changed）"要好，因为后者带有"变成了全然不同之物"的意思。而"改变形态"指的仅仅是外形的变化，在这个过程中，属于过去的一些东西仍然会被保留。贝卡抬头看向车窗外一条位于我们上方高处的道路。我们很快就要到那儿了。而这次我很高兴它旁边装着护栏。

我 19 岁时，曾沿着 Via Mala——这两个词的字面意思是"坏路"——从库尔前往施普吕根。毕竟，这也是尼采曾经在 1872 年走过的路，而我想一丝不苟地跟随他的脚步。不过现在我们三个人没有那么多时间或精力去走崎岖难行的道路，而是直接沿着 3 号公路切进尤利耶山口，而后下到席尔瓦普拉纳，进入锡尔斯–马利亚。有时候，走一条与过去不同的路是必要或有益的。

有些路段正在施工，因此我们的行程被中断了几次。起初我为此感到气恼，但后来意识到，这种强制中断是驾驶者可以停下来欣赏风景的唯一途径。在我们停下车子、等待修路工人允许我们通过的时候，有位身穿大雨披、背着轻型登山背包的男性单身远足者从车旁经过。他的步伐轻松，但露出的小腿上的肌肉条纹告诉我，他已经在路上连续行走了多日。他是个搭车客吗？曾经有一瞬间，我想过放下车窗叫他回来，问他要不要坐我们的车去山顶。然而我知道这是个奇怪的冲动，只是为了我自己的心理满足，而与他的幸福没有任何关系。这位旅人离开了大路，沿着一条直插山顶的陡峭路线前行，不一会儿就消失在我们的视野之中了。

当我们逐渐接近位于海拔 7494 英尺处的尤利耶山口，我再次被面前高耸入云的群山吸引了，它们显得如此之近。又一次因为前方施工而停车的时候，我看见刚刚那位远足者正在攀登远处的一座山峰。这次需要停下的时间比其他几次都要长——一队工人正在操作蒸汽挖掘机凿开黑色的柏油路面。路面之下 8 英寸处就是在 1840 年铺下的石块路基，每块石头切割得方方正正，一行行排列整齐，这些石块与路面的距离近得令人惊异。后来我们到达了这条路的"顶端"，但它只是另一座山谷的底部。在那里我们路过了两根拔地而起的石柱，一座古代罗马神庙残存下来的遗迹。今天，路过的旅客会用右手触摸这两根柱子以求得好运，然后继续前行，向下进入恩加丁山谷。

"在世界上的所有地方之中，我最喜欢恩加丁山谷，"尼采写道，"诚然，在这里我也像在其他地方一样会受到袭击，然而在这里，迄今为止，即使是袭击也更温和和人性化。我在这里能感受到持续的平和宁静，这是我在其他任何地方都不曾有过的体验。"恩加丁山谷，连同其中所有的森林、湖泊和草地，用尼采自己的话说，"似乎是为我而造的。"在这里，会有那么一些珍贵的时刻，人可以感到过去与现时之间、自我与广阔而常常令人畏惧的大自然之间，存在着深刻的和谐。

位于阿尔卑斯山脉的恩加丁山谷全长达8英里，从位于意大利边境上的马洛亚山口向东北延伸，跨越了三片澄澈碧蓝的湖水——锡尔斯湖、席尔瓦普拉纳湖和圣莫里茨湖，终止于圣莫里茨城，这座城里遍布着旅馆，是众多名流富豪的热门度假目的地。道路施工结束了，我们的车子渐渐加速驶向席尔瓦普拉纳。在经历过尤利耶山口附近蜿蜒曲折、需要转弯多次的道路后，席尔瓦普拉纳和锡尔斯-马利亚之间这段平坦的路线就显得格外令人心旷神怡了。这条路是沿着湖边修建的，稍带点平缓的弧度。大多数日子里，湖水都会被风吹得波光闪烁，但那天一丝风都没有，湖面纹丝不动，宛如一座稳稳坐落于群山之间的翠玉平台。冰河时代，曾有冰川从这些山谷流过，清空了其间的土地，之后随着时间推移，这些冰川造成的巨大洼地又渐渐蓄起了水。要经过多少年，下多少场雨，才能填满这样一个湖呢？

此时车里很安静。贝卡在下坡的时候就睡着了，于是我和卡罗尔得以独自安静地置身于湖光山色之中，享受这片刻的安宁。我最初是在新罕布什尔州的白色群山之中与她相爱的，当时我们两个都在逃离一段注定要破裂、无药可救的婚姻。我看见了锡尔斯—马利亚上方树木葱茏的小山，和树木之上的"林居"的白色塔楼。这次我完全没有想逃走的冲动了——只体会到一种稍显怪异的"归来"之感。

"耶稣基督啊……"卡罗尔深吸一口气，而后脱口而出，"真是壮观。"

这些山和当年的白色群山不一样。坐在车里看不到那么远，但我知道我们正在上面行驶的这条路的尽头，就是我年轻时曾走过多次的那条步行小径，也正是同一条小径将尼采引向了《查拉图斯特拉如是说》。当他在这条小路上行走，从水边绕行的时候，尼采说自己经常流下泪来，"这泪水不是因为感伤，而是出于狂喜"。如果你在图书馆或咖啡店里阅读尼采的作品，很容易会将此类言语视作夸张之词，或是疯子的胡话，但在这里就不会。在阿尔卑斯山中根本没有"夸张"这回事。"我的情感是如此澎湃，"他声称，"它让我颤抖，让我大笑。"

在湖对岸一小片茂密的草坪上，有块金字塔形状的大石头。在我的记忆中这块石头高约及肩，不过我现在知道它实际上要大得多，几乎有两个人那么高，像是四周环绕山峰的一个微缩版镜像。第一次见到这块巨石的时候，我试图爬上去，但没成功。这块石头可能是阅读尼采的最佳理由，并且我确定，它是我之所以同意回到瑞士的唯一原因。"现在，我将讲述查拉图斯特拉的历史。"在《瞧，这个人》中，尼采这样向他的读者做出预告，接下来他解释道：

> 这本著作的基本观念，即永恒轮回的思想，也就是我

们所能获得的最高的肯定公式，是在1881年8月形成的。我匆匆地把它写在一张纸上，并且还附带了一句话"高出于人类和时间6000英尺"。那一天，我正在席尔瓦普拉纳湖边的林中漫步；在离苏尔莱不远的一块高高尖尖的巨岩旁边，我停住了。就在那时，这个思想在我心中油然而生。

我们没有在岩石前止步，而是继续前行进入锡尔斯-马利亚村，来到"雪绒花"（Edelweiss）旅馆面前，路上经过了邮局和村里唯一的食品杂货店。旅馆背后就是"尼采之家"了，它掩映在树木葱茏的山中，正是我记忆中的样子。门和百叶窗被重新刷过，但还是原来的颜色。17年过去了，但这里看上去一点都没有变。这里不是尼采构想出"永恒轮回"的那块金字塔状巨石，但也不失为一个恰当的地点，用以思考这个绝妙而令人生畏的想法：

> 假如有个恶魔在某日或某夜闯入你十分孤独的寂寞中，且对你说："人生便是你目前所过或往昔所过的生活，将来仍将不断重演，绝无任何新鲜之处。然而，每一样痛苦、快乐、念头、叹息，以及生活中许多大大小小无法言传的事情皆会再度重现，而所有的结局也都一样——同样的月夜、枯树和蜘蛛，同样的这个时刻以及我……"

的确，"如果是这样，又如何呢？"尼采的恶魔（demon）所表达的，是一个古老的形而上学观念，即现实的运行应被描述为某种周而复始的轮回或周期，如一条咬住尾巴吞食自己的蛇。印度教和佛教都以自己的方式，通过类似于"业"或"羯磨"的学说阐释了这一观念。一切事物都在重复。高楼在同一个地方倒了又起。冰川一天天推移，雨水一次次落下，生命一代代凋零又新生。旧的孕育了新的，而新的又随即变成旧的，或快或慢只是时间问题。

尼采的偶像叔本华也提及过类似的宇宙论观点，但他的解释是，认真对待这个念头，就意味着要面对它深具破坏性的心理后果。在《悲观论集》中他写道："若有人在有生之年，历经了二代、三代，甚至更多，那么这个人就如一个在集市中观看魔术师设摊者。他看到魔术师们依次表演，一而再，再而三，这种表演本来只可观赏一回；当它们丧失了新意，且不足以炫人心目时，便毫无意义了。"尼采大体上同意这个判断，认为大多数人，在大多数时候，都会被这样的想法所击垮——重复正在经历的事情，重复生命中的一切，直到永生永世。在无尽的时间之流中无数次经历这一生中所有的悔恨、乏味和失望，地狱的折磨也不过如此。

从"尼采之家"继续向前走，越过穿锡尔斯村而过的小河，再经过三条陡峭的坡道，这条等分成三段的通向小城上方的道路，终于，我们再次来到了林居。在永恒轮回这个话题上，尼采的恶魔还有更多的话要说。永恒轮回绝不只是一个形而上学观念，或像在叔本华的著作里那样，仅仅是个用来解释生命为何如此乏味可憎的工具。它是一个挑战——或更贴切地说，是一个问题——并且需要你用整个生命而非语言来回答："一切的症结端在于'你是否就像这样一成不变地因循苟且下去？'这个问题对你是一个重担！或者你有多宁愿安于自己和人生的现状，而放弃去追求比这最后之永恒所认定的结果更强烈的东西呢？"

我们——用叶芝的诗句来说——能"满足于重新活过一遍"吗？在这里，"满足"并不等同于在面对无可避免的命运时转过头不去想它，或陷入沉睡，或放弃抵抗乖乖认命。它指的是尽情遵照你的心意去生活，同时清楚地知道自己会一次次重新做这件事，和其他每一件事，永远如此。我们最后转了一次弯，进入了林居门前的车道，在它有顶棚遮蔽的门前停了下来。尼采认为，只有当一个人愿意，并且能够与生命和自我协调一致的时候，永恒轮回才是可能的。

对尼采来说，与生命和自我协调一致，就是去全情投入地选择自己的所思所想，以及决定自己如何去寻找和创造意义。尼采认为，这无尽单调重复的前景，构成了促使人去主动承担绝对责任的永恒动机。一个决定的"正确"与否可以由某种外在的道德或宗教标准确立，这个想法或许很吸引人，但尼采想让他的读者抵制这种诱惑。毕竟，尼采笔下的恶魔是在我们独自一人的时候接近的，他的问题只能在一个人处于"绝对孤独"的状态中时被听见，因此不可能存在共识性的答案，也不能由某种去个人化的机构代为回答。实际上，它是所有答案中最个人化的一个——它总是会左右个人的选择。你当然可以选择做任何你想做的事，养育孩子或是步入婚姻，但不要假装你做它们是因为这些活动本身有某种内在的价值。它们没有。你做任何事都只因为这是你的选择，并且你愿意承担它们。在我们的生命故事中，这些选择是我们自己，且只有我们自己所做出的，而正是这点赋予了一切事物以价值。只有当一个人认识到这点时，他或她才能准备好直面永恒轮回，直面生命轮回的完整过程而不被击垮。只有到那时，此人才能够真心实意地与叶芝一起说出那句"再活一遍"。

在很长一段时间里，我都觉得对永恒轮回最恰当的理解就是乌洛波洛斯——一条吞食自己尾巴的蛇，象征着"永恒"的古代符号。永恒是残酷的，并且会吞噬一切，它每创造多少就等量地摧毁多少。这条蛇徒劳地想要捉住自身，却在这样做的时候反而将距离拉远了。不过或许永恒轮回也可以不必如此惨淡阴郁。当你穿过阿尔卑斯山谷地走向群山，有时会路过一些古老的农舍。那些农舍看上去平平无奇，过了一会儿你就会觉得它们全都是一个样子。但其实并不是。在其中一些的墙边，门框上方或窗棂之下，会有一个经历了无数个春夏秋冬的木刻图案，原始而令人安心。三只耳朵交错相连的兔子围成一圈，永远地互相追逐着。此类"三兔"图案曾出现在很多地方：12世纪伊朗的蒙古铁器上，英格兰德文郡的中世纪教堂里，18世纪德国的犹太教堂里。希伯来语称之为"Shafan, shafan, shafan"。圆形的图案径向对称，永不止息地流动、跳跃着。这些兔子是代表重生的符号。一个古老的日耳曼谜语也提到了它们："三只野兔，三只耳朵，但每只兔子都长了两只。"如果你仔细看的话，会发现它实际上利用了视错觉。有些人会称其为"不可能的图形"，就像彭罗斯三角或埃舍尔的蚀刻版画那样。我们的车子开进林居门前的时候，我正在想着这个符号：它是个谜，但不会让人感到不安——有某种似曾相识的既视感。

直到我将车停在了旅馆的车道上，并把钥匙丢进裤袋时，我才意识到自己还穿着在飞机上穿的那条裤子。贝卡只吃掉了她航空餐的一部分，然后在一次空中气流颠簸时把剩下的部分全洒到了我身上。至少，现在牛奶已经干了。我看上去很狼狈，闻起来就更糟了。在掌控永恒轮回之道之前，你必须做到最后一件事情：去拥抱存在中最不想要的那部分——各种大大小小的暴行。生命中的许多事件都是人根本无法选择的，它们毫无征兆地骤然发生：一场大洪水，一次将我们掩埋或溺死的事故。但尼采却说："在命运出手击打我们之前，我们应该引导它。"

"到了吗？"后座上细小的声音问道。

是的，我们到了。

第一次来林居的时候，我一开始太虚弱，而后又醉得太厉害，没注意到什么细节。旅馆建于 1908 年，同年尼采的《偶像的黄昏》重版，用的是一种新艺术运动风格的华丽描金装帧，大多数研究者都猜测他本人一定会对此深恶痛绝。很可能，他对林居的看法也好不到哪去。在待在锡尔斯－马利亚期间，尼采偏好的是一种近乎苦行的简朴。

"他可不会住在这种地方！"乌尔斯·金伯格笑道。他是个友善而安静的 60 多岁男子，这座旅馆就归他的家族所有。金伯格接下来要向我们介绍林居悠久的历史，后来发现，这段历史和库尔，或其他许多自古以来就代代相传的地方的历史不无相似之处。我们到达当晚，金伯格就早已在门厅里等候我们，并叫出了我们的名字。他从来都以"客栈老板"（innkeeper）而非"旅馆主人"（owner）自称。一开始我以为这是种虚伪的自贬或刻意低调的修辞，但听过他解释之后，我就领会了这种称呼的用意。在它如童话城堡般令人惊叹的宏伟外观之下，林居只有 140 个房间，相应的，也只有 140 多名雇员。这间旅馆不是那种给来去匆匆的过路人暂时歇脚的地方，而是个"客栈"，客人们可以在这里住得久一点。许多知识界人士都在这里长住过，包括阿多诺、托马斯·曼和黑塞。

贝卡蹦蹦跳跳地走过橡木墙面的门厅、大理石地面和一块鲜艳的红色东方地毯，地毯看上去是已经有些年头的老物件了，颜色却如此活泼生动，有种不协调感。旅馆已经在金伯格家手上传了六代——或许，他们在这期间渐渐研究出了如何保养这块贯穿了巨大建筑物每个大厅地毯的秘诀，让它干净得不可思议。后来我们发现，他的的确确是一位"保护者"，一个旨在"不合时宜"之处所的管家：林居来自过去，并承诺永远属于过去，在未来也一直会基本维持原状不变。"林居不是个博物馆，"金伯格抗议道，似乎早已料到了我此刻的念头，"它有自己的生命，但它的生命之道就是不去做太多的改变。有可能，它就像河流中的一块石头。"

林居始建于"一战"前，并在那场战争中幸免于难。它在"咆哮的二十年代"（Roaring Twenties）成长起来，但与许多同时代的旅馆不同的是，它不是为了这个时代而建的。"这是座气派的旅馆，"金伯格有次这样说道，"但它绝不奢华。"奢华的目的是让人分心，用闪亮的铃铛和悦耳的哨音让我们暂时远离庸常的生活琐事，将我们引向其他地方。林居既不炫人眼目，也不让人分心。据我们的客栈老板说，它提供的是"一种空间上的奢侈"，它给宾客们充分的空间去探索、去思考、去远离或去安定下来——仅仅是空间而已。在我们挤满各种东西和财产的世界里，空间常常是被填满了的。事实上，在那个世界里只有被填满的空间——换言之，被摧毁了的空间，才被认为有价值。空间就其本身而言是全然不实际的，因此的确是一种稀有的奢侈品。我不知道金伯格是如何看穿我的心思的，或许从事这一行的人就是能掌握某种读心术。当参观旅馆的活动已经结束，我们正要住进自己的房间时，他表示还有些话要对我们说。尽管显而易见，旅馆要正常经营需要许多实际的运作来维持，例如茶必须得按时端上来，不然就会冷掉。但是——他抬手指向长长走廊的尽头，那里有一扇面向山谷开着的窗子——"如果一切都得切合实际，也是件非常可悲的事情"。

　　参观活动的终点，就是我们将要住进的那个房间，或者说至少卡罗尔和贝卡将住在那里。我仍然没有决定自己到锡尔斯-马利亚后的第一天要在哪里过夜。我们的房间不知何故被免费升了级，换到了窗外正对着湖景的244号房。门上有锁，但你并不一定要锁上它。这间房有个恰当的名字叫"美景间"。房间窗外的景色，和"坏路"形成了强烈的对比。当我19岁来这里的时候，曾经从施普吕根城外一条横跨山谷、连接安德瓦和图斯易思的窄桥边缘处向下看。桥宽仅十英尺，但距离谷底却有几百英尺的高度。我向下看的时候，人生中第一次意识到，人在高处之所以会产生眩晕感，不是因为恐惧失足落下，而是因为害怕自己会主动跳下去。在如此空旷开阔的地方，人可以做出许多种选择。这就是我第一次来到锡尔斯-马利亚时所知晓的事情，是一种迅速在心头蔓延的感觉。

"美景间"是个封闭的、被保护起来的空间，至少在此刻，我很高兴于这种区别。锡尔斯-马利亚著名的云气沿着马洛亚山口滚滚而下，在山间蜿蜒盘旋，以快得令人震惊的速度落进山谷。我们的窗子几乎与林木线平齐，云气和阳光一拥而入。"不是我在往外看，"旅馆的常客、耶稣会士阿尔伯特·齐格勒这样写道，"是恩加丁的湖光山色向我的房间望去。只要我向后退上一步，方形的窗棂就成了一幅图画的边框，那图画我只能欣赏，却无力形容。"就连贝卡都看呆了。我们三人坐在窗边的大桌子旁，一边吃晚饭，一边让光线照进房间，直到黑夜悄然降临。

诗人兼但丁学者雷默·法萨尼钟爱这间旅馆和锡尔斯-马利亚村，但他曾提及，一个人不需要以和尼采一样的理由爱这个地方。

> 尼采，在一百多年以前，
> 来到这里，寻找孤独和寂静。
> 他找到了查拉图斯特拉，
> 那个摧毁了时间本身的超人。
> 在夏季，我也来到此地；

与寂静和我自己相伴度日。

我写诗，并试图以此

连接新的和来自过去的事物。

尼采希望终极的变化：

将过去绑上葬礼的柴堆一把火烧尽，

代之以一个美丽的新世界。

而我想要的，则是让过去

同时活在现在和未来之中，

让所有的时间再次律动如一。

　　恐怕法萨尼在这里是弄错了。尼采也想让过去继续活在现在和未来之中，想让时间再次律动如一，这就是永恒轮回所要完成的使命。但这非常——我要再强调一次——非常之难。而当尼采不能，或未曾做到这一点的时候，他经常会陷入深深的悲伤，然后觉得把过去烧个精光也是个不错的主意。

第二部分

恋爱中的查拉图斯特拉

哪个孩子没有哭他的父母的理由呢？

我觉得这个丈夫已经成熟，有资格理解大地的意义：可是当我看到他的妻子时，我觉得，似乎大地变成了一座疯人院……

他像英雄一样出去追求真理，最后却获得一个小小的化装的假象。他称之为他的结婚。

——弗里德里希·尼采，《查拉图斯特拉如是说》，1883

　　我在卡罗尔的身边醒来。先是驾车从苏黎世来到这里，然后又照顾贝卡吃饭、给她洗澡，忙完这些之后，我已经没有心思和精力去做一个真正的哲学家了。尼采之家近在咫尺，但当时却显得遥不可及。在接下来的日子里我一定会去的——向自己这样许诺过之后，我在卡罗尔身旁蜷起身子，让意识和这一天一起渐渐沉入黑暗。

　　但此刻我已经完全清醒。现在是凌晨 3 点 16 分。小时候，我被母亲称作"夜猫子"，会整夜在家中的厅堂和走廊里四处游荡。她无论当时还是现在都是个尽职尽责的模范家长，会不厌其烦地一次又一次把她的"夜猫子"哄回床上睡觉。"熊宝宝，你真的应该睡觉了。休息好了明天才有精神。"她会这样说。但总有两个声音搅得我难以入眠，自从 4 岁左右，父亲离我们而去时起，"我"就在头脑中分裂成了两个不同的人，并且这两个"我"总是在不停交谈。

尼采脑中也有这样两个无休止的声音，因此他患上了严重的失眠症。"我和我总是陷入长谈，"他承认道，"如果身边没有一个朋友，该怎么受得了呢？"尼采告诉他的读者，一个隐士的朋友永远是个"第三人"，其作用是像浮标气球那样拖住隐士的两个自我，以防止他们"沉入深渊"。在很多年的时间里，我母亲扮演了这个朋友的角色，维持着我的正常生活，但随着我接近成年，我的夜游行为变得越来越隐蔽、不易发现了。

尼采说得对，如果你身边没有朋友，就有可能沉入深渊。与你的熟人，甚至与你爱的人在表面上相处是更容易的，这里可以使人轻松呼吸并处理生活中的种种实际事务。但有时人会渴望一些深度。我想起了尼采在到达锡尔斯－马利亚之后，吩咐母亲不要告诉他的朋友们他去了哪里。他不希望被人拜访。据斯特凡·茨威格说，尼采曾经住过的卧室空荡荡的，里面只有一件属于他的物品："一个笨重丑陋的木箱，里面装着两件衬衫和一身套装。"除此之外，就"只有书和手稿，在一个托盘上放着数不清的瓶瓶罐罐和药剂……其中最主要的，是用来对付失眠的那些可怕的镇静剂，水合氯醛和佛罗那。这一大堆令人生畏的毒剂和药物，就是他在这个奇异而寂静的空房间里唯一的帮手了……"尽管有这么多药物，但尼采在写作《查拉图斯特拉如是说》的第一部分期间，还是几乎没有睡过觉。

3点38分。这些年来，我渐渐学会了如何利用，或至少是如何欣赏失眠状态。对于幼童的父母来说，失眠这段时间是他们支离破碎的忙碌生活中难得的片刻清净。事实上，这是我许多天来第一次有机会独处。父亲这个身份，从其定义上就意味着一种"共在"的状态。即使当你从你子女的生活中抽身之后——这一般或是因为筋疲力尽，或是出于明智的判断——他们仍然会一直与你共在。幸好，他们经常显得如此活泼可爱，以至于你会忘记他们劫持或侵吞了你作为一个成年人的个人生活这个事实。然而清晨时分，万籁俱寂，这让人几乎可以记起自己为人父母之前所享受过的那种孤独。我掀开自己身上的被子，将它在卡罗尔身边裹好，再从被窝里抽出双腿，小心翼翼地缓慢将自己的体重从床垫转移到地板上，没有惊动她。贝卡也一动不动。是时候出去走走了。

林居中心走廊的墙壁是米黄色的，地上铺着鲜红的地毯，贯穿了整间旅馆的长度。这个建筑有三层楼高，因此足够进行一次完完整整的"探险"。"探险"也是我母亲的另一个说法。每当我和哥哥在夏日里百无聊赖，找不到有意义的事情可做的时候，她就会把我们装进车子，带我们去某个之前没去过的地方转转。只能走，不能跑——我母亲不喜欢奔跑。我们通常都是迈着慢吞吞的步子，漫无目的地到处转悠。一开始我对此感到恼火，但她向我解释了——并且证明了，缓步徐行的确是观察万事万物的最好方式。万事万物——树木、叶子、甲虫、溪流、念头——那些我们在日常生活中急匆匆地路过，或故意踏在脚下不予理睬的事物。我溜出"美景间"，前去追寻尼采了。

尼采在1881年夏天构想出了"永恒轮回"的概念，与此同时，他也开始思考什么样的人物才有能力肩负起这一观念所要求的无尽责任，敢于完全彻底、永生永世地承担自己所有的人生决定。尼采自己远远做不到，就连查拉图斯特拉都不行。能做到这些的是 Übermensch，或叫"超人"。按照查拉图斯特拉的说法，人类不过是联结了野兽和"超人"理想的那条绳索或桥梁，一个中间阶段，需要被小心沉稳地跨越过去。1882 年，正当尼采开始将注意力转移到这个宏大的哲学目标上时，他遭遇了一些不得不先去解决的实际障碍。其中的一个，就是爱如何持久的难题。

随着"超人"理想的浮现，尼采对于伴侣的矛盾态度也愈发凸显出来。站在外人的角度上，这一切看上去像是他在人生观方面的一次理论发展，但实际上并非如此。这其实是由那种最剧烈的个人关系破裂事件所催生的理论方面的突破。或许这种阐释有所谓"传记谬误"之嫌——错误地将作品的形式和内容归因到其作者的生平经历之上。然而在尼采的例子中，完全规避此种谬误既不可能，也不明智。"（在《查拉图斯特拉如是说》一书）几乎每个字的背后，"尼采曾写道，"都有一段我的个人经历，一次最高层次的自我克服之行动。"

一切始于 1873 年。当时距离查拉图斯特拉的出现还要很久，尼采尚未与瓦格纳夫妇绝交，而且他至少还部分地怀有对浪漫主义救赎的希望。然后，他遇见了保罗·雷。在给友人埃尔温·罗德的信中他提到过"一个名叫雷的非常爱沉思且有天分的人，他是叔本华的追随者"。雷出身于一个富有的犹太家庭，是家里的第三个儿子。他在莱比锡读了哲学，不仅和尼采一样推崇叔本华的哲学，而且也分享他关于道德的历史起源的研究兴趣。雷毕业论文研究的是亚里士多德的《尼各马可伦理学》，并对利他主义这一美德格外着迷。他的假说是：这种对他人的关怀是一种源自达尔文式进化选择的先天特质。尽管尼采后来拒斥了这个立场，实际上还在《论道德的谱系》中猛烈地攻击了它，但最初他也很欣赏雷另类的观点。于是，两个年轻人成了非常亲密的朋友，这让瓦格纳夫妇不开心了。

"犹太人"在19世纪这短短一百年里，迅速沦为了整个欧洲社会的替罪羊，人们将一大堆社会和政治上的弊病都归罪于他们。瓦格纳的反犹主义根深蒂固。他曾于1850年匿名发表过题为"音乐与犹太人"的文章，而后在1869年又用自己的本名将其重新发表了一次。这篇文章认为，希伯来语是一种"吱吱嘎嘎、尖锐刺耳、蜂鸣般恼人的擤鼻子声音"，会摧毁正常的美感。这篇文章现在被人们普遍当作一份标志性的反犹主义文献，然而瓦格纳在其一生中其实写过数十篇主题相同的文章，旨在证明只有彻底洗除一切犹太元素，德意志文化才能得到救赎。因此，雷进入尼采为数不多的朋友行列，这让瓦格纳极为反感。

尼采在1876年离开瓦格纳的拜罗伊特，可以说完全是雷一手造成的。音乐节还没结束，他们两个就跑回了巴塞尔，并且比尼采小五岁的雷主动为他扮演了助手和密友的角色。"我们在一起非常快乐。"尼采当时这样向自己的母亲宣称。我毫不怀疑这两个男人，实际上，是彼此相爱的，就像我会期待所有最好的朋友那样相爱。这期间尼采的眼疾犯了，于是雷就会陪他在窗帘紧闭、光线阴暗的房间里待上很久。流言开始在拜罗伊特满天飞。两个单身男子，在暗室里都做了些什么？瓦格纳有了个推测，并且将其飞快地在欧洲大陆的文化圈里传开了：尼采的眼疾是过度手淫造成的，而这种行为的源头是他对和女性性交有着病态的恐惧，他之所以惧怕接近女性是因为他是个隐藏的同性恋者，而同性恋倾向则解释了尼采为什么会和犹太人保罗·雷发展出扭曲的密友关系。这个荒谬恶毒的谣言许多年都没有平息，尼采之所以逃进山中，这个谣言至少构成了其中一部分原因。

或许，如果不是尼采执意要最后刺激一下睚眦必报的音乐家的话，就不会有这个谣言了。"我们在索伦托！"尼采1876年10月向他的母亲和妹妹宣布。他和雷一起去了那里度假，享受绝妙的海景。只有一个问题：索伦托也是瓦格纳一家的度假目的地。11月4日，尼采和瓦格纳在索伦托最后一次见到对方。关于他们都说了些什么有着诸多争议，然而可以确定的是，那绝不是场愉快的会面。他们无疑提及了，有可能还深入讨论了瓦格纳的新作：充满了明显的男性化元素和基督教色彩的《帕西法尔》。这个题材作为瓦格纳与尼采和他的犹太人同伴分道扬镳的背景板，简直再合适不过了。

真挚感情的标志之一，就是两个人在世人眼中不被赞许却仍然相爱。我和卡罗尔最开始在一起时就是这种情况，那是一个罕见的时刻，就连她这样的康德主义者在当时都能完全认同尼采《善恶的彼岸》中的言论。把谨慎的顾虑抛诸脑后，不顾一切地去爱（两者是同一个意思），忍受那些虚假的朋友散播关于你们的流言蜚语，几乎有意去建立一种世所不容的禁忌关系——就意味着成功。尼采是从雷的身上学到这一点的。之后，雷将会在 1882 年介绍尼采与莎乐美认识，而之后的这段经历只会更深刻地印证以上观点。尼采将他们三个人后来形成的关系模式称作"三位一体"，而每个人都意识到了这个名字中包含的讽刺意味。

尼采的情场战绩向来惨不忍睹。不过也有些人说，他在传统式恋爱交往中的失败经历其实并不能算是真正的失败，而只能说明他的眼光格外挑剔。针对一夫一妻制婚姻，他曾做出过深富洞见的评论："最好的朋友也极可能成为最好的妻子，因为适于建立友谊的才能，是一桩好婚姻的基础。"然而，在其他一些时候，他似乎又很赞成叔本华式的强硬的性别歧视。"女人当然可能和男人成为朋友，但这种友情要想长久，其中非得有那么一点儿敌视的成分不可。"而且根据许多学者的描述，他后来流露出的对女性的敌视可绝不只"那么一点儿"。"女人有那么多的理由感到羞耻；在女人身上，藏着如此多的细谨、肤浅、小规矩、小僭越、小放肆和小不逊……要是'女人永恒的无聊'——这他们可多得很呢！——竟被放上台面，那是多么不幸啊！"在这段尖刻的引文中他还提出女性最好被当成一种"所有物"，"须得小心关起来以免她们跑掉"。然而最终，尼采认为值得被他占有的那位妻子，是个不可能被关起来的人物。

尼采第一次从雷口中听说露·莎乐美这个人，是在 1882

年的 3 月 13 日。雷是在玛尔维达·冯·梅森堡位于罗马的家中第一次见到她的，梅森堡是他们共同的朋友，并在家里组织了一次"地中海周边地区的年轻思想家沙龙"。后来梅森堡在给尼采的信中也提到了莎乐美，称自己觉得她"似乎在哲学思考中和你得到了相同的结论，也就是说，一种实践上的理念主义（a practical idealism），抛弃了所有的形而上学的预设，以及一切想去解释形而上学问题的念头。我和雷都很想让你见见这个非凡的人……"于是，在见到她之前，尼采就爱上了这个年轻的俄国女子。

尼采恋爱的对象有如自然之力：神秘莫测、具有破坏性、令人无法抗拒。"世上没有比她更有天赋，或是更富于思考精神的人了，"尼采在 1882 年 4 月第一次见到莎乐美之后这样说道，"她是我遇见的人里最聪慧的。"如此仰慕莎乐美的人绝不止他一个。和她保持着终身关系的里尔克也印证了她的卓尔不凡，他在给她的信中写道："我所有的一切都因你而激动。"弗洛伊德称她为"伟大的理解者"，并且频繁地向她寻求智识上的指引。将她引荐给尼采的保罗·雷也爱着她，而且至少向她求过一次婚。她至少拒绝过雷一次。她不需要和任何人结婚，至少不用急着早早就结婚。露生于 1861 年，是沙皇俄国一名地位煊赫的将军之女；她有足够的钱和足够的自由在 20 岁出头的年纪一直四处游历、钻研学问；她的追求者众多；而且她非常享受这些追求者所能提供的，多种多样的新鲜体验。她本人也是个出色的哲学家，并且还是最早进行精神分析的几位女性之一。

这段关系从一开始就很不寻常。尼采有严肃的哲学工作要

攀登尼采

完成，并且对婚姻，至少是对长期的婚姻多有疑虑，因为他觉得这种承诺会扼杀自己的创造力。与自己母亲和家人的关系已经使他倍感压抑，他自然会反感再平添一份新的束缚。在见到露之前，他曾告诉雷说，两年的婚姻已经是他能应付的极限了，而且，他接下来说，这还只是"考虑到我在接下来的十年需要完成的工作"。然而，尼采也清楚地认识到自己欲求志同道合的伴侣："我渴望这样一种女人……"他对雷倾诉道。三月末，中年的尼采已经收拾好行装前往意大利，即将开始一段声名狼藉的三角关系。

或许尼采是在锡尔斯–马利亚附近的那块金字塔形巨石上想出永恒轮回这个念头的，但激发了他关于查拉图斯特拉曲折经历的灵感的，完全有可能是在罗马的另一种"巨石"——1882 年 4 月 20 日那个下午，他在圣彼得大教堂里一个空无一人的忏悔室里第一次遇见了莎乐美。"我们是从什么样的星辰上落到这里，才有了今天的相遇？"据莎乐美回忆，这是尼采对她说的第一句话。这场相遇的气氛严肃庄重，莎乐美写道，那位哲学家拘泥礼数的举止让她受到了"欺骗和震撼"。但没过多久，两人间的互动就变得全然脱离了常规，甚至到了疯狂和荒诞的程度。他们第二次遇见时，尼采就向莎乐美求婚了。他解释说："一个孤独者，总是会太急切地想要伸手抓住他遇见的人。"她拒绝了他。他后来又向她求了两次婚，都以失败收场。

1882 年春天，21 岁的莎乐美邀请尼采和雷两人做她的旅伴，陪她从罗马回俄国。当然，他们接受了邀请。他们两人最后并没有陪她走完全程，但当他们最终到达卢塞恩的时候，尼采雇朱尔·邦内为三人拍了一张摆出特别造型的舞台式照片，作为他们之间关系的写照——莎乐美站在马车前，手里拿着鞭子，而尼采和雷则充当了马匹的角色，在她身前任她驱驰。尼采爱上了一个女人，这对他来说是第一次，或许也是唯一的一次。这段旅程将尼采带回了他智识生涯的起点——瑞士和意大利北部，但这次他的身边多了他仰慕的女子为伴。这些地方与之前没什么两样，但他希望与莎乐美一起故地重游会是全然不同的经历——希望自己这次终于可以克服主宰着他过去大部分生活和写作的孤寂。事实证明，这次的确是全然不同的经历，但和他的希望相去甚远。

尼采最想要的，就是在莎乐美的身上找到他自己，而这个愿望几乎实现了。他们两个在五月一起到萨克罗山远足，这座山位于意大利境内阿尔卑斯山脉中奥尔塔上方的位置。事后回忆这段经历时，莎乐美将其称作他们关系中实至名归的"最高峰"。此行之后，就都是下坡路了。随着两人关系的升温，尼采的哲学思辨也愈发激情洋溢，他似乎在自我贬抑和自我膨胀的极端之间不停疯狂摇摆，就像一些人在刚刚成年的时候会表现出来的那样。莎乐美不记得他们两个在萨克罗山上有没有接吻，但她的确记得尼采在这段时间的许多言行。他压低声音，向她讲述了永恒轮回的故事，并且"一切迹象都表明他当时心怀巨大的恐惧"。接下来，据他的爱人说，"超人"第一次出现在他的视野里。

最初，他从自我迷狂的幻想、梦境和狂喜般的异象中造出了这个神秘的更优越的人的理想观念；接下来，为了从自己中拯救自己，他通过一次思想上的跃迁，试图将自我认同为这些优越者中的一员。最后他变成了一个分裂的存在，一半在生病受苦，另一半则得到拯救：一个欢笑着的更优越的人。一半是受造物，一半是造物者；一半存在于现实中，而另一半则身处神秘的超现实世界。

我一直觉得这段话恶劣得毫无必要。尼采并不是唯一一个性格中具有矛盾两面的人。对于人类中的大多数而言，"现实世界"和"可能世界"之间的鸿沟都会偶尔显现，将同样的一种分裂呈现在他们面前。我只能推断说，这条鸿沟对尼采而言始终存在。他始终在需索，而这时是在想象，比他可能拥有之物更多的东西。

在莎乐美这个旁观者看来，此种精神分裂是相当令人不安的，而尼采也没有采取任何行动来缓解她的担忧。"现实"对于他是一片孤寂，而她则是那个让他目眩神迷的"可能"。尼采在莎乐美面前同时展现出了这两面，让她得以看见他的生命所经常踏足其上的那条断崖。他先是解释了自己与外界隔绝的状态："我们这样孤独的人，必须要慢慢地了解其他人，即使是我们亲近的人也一样。"然而，这位孤独者话锋一转，开始表达新鲜大胆的可能性了："坦白说，我等不及了要和你独处，越快越好。"这种表白无疑是诚实的，但同时也流露出疯狂的迷恋，有点令人毛骨悚然。五月底时尼采在瑙姆堡写信给莎乐美，信中回忆了他们在一起的时光："夜莺整夜在我窗外歌唱。在所有方面，雷都是个更好的朋友，我没有也永远不会有他那么好；请记住我们之间的这个区别！当我孤身一人的时候，我经常非常频繁地大声念出你的名字，这让我无比快乐！"即使是对于莎乐美，这样的真情流露也是难以接受的。

夏天过半的时候，在莱比锡——尼采最初求学并开启了自我发现这一哲学计划的地方——莎乐美和雷开始离他而去。他悲痛欲绝，并且像其他许多悲痛欲绝的人那样狂怒："雷和露这两个人，"他在 1883 年 8 月咬牙切齿地说，"连舔我的靴子都不配。"有关尼采和莎乐美的早期评论都把她说成他的秘书和门徒，但这些信件则讲述了一个完全不同的故事。她对于尼采而言是缪斯，是永恒的挑战，是驱使着他去推敲究竟何谓"精神自由"的动力。然而在这个过程中，莎乐美决定要行使自己离开他的自由。后来，她解释说自己"幸好在最后一刻及时跑掉了"。

尼采的妹妹伊丽莎白也干涉过这段关系，不过她绝不是造成尼采与莎乐美决裂的关键因素。起初，尼采对"三位一体"的愿景是成为由三个自由的精神组成的修道会（monastic order），但他很快就开始有了憎恨要和另一个男性同伴分享莎乐美这个念头。"三人间的交流中，"他这样说道，"总有一个人是多余的，使讨论无法深入。"他说这话的本意，是为了论证需要排除掉他和莎乐美之外的第三者，然而在 1882 年的夏天，莎乐美渐渐疏远的不是雷，而是这位巴塞尔的教授。在接下来的一年，他成了那个被彻底抛弃的人。

发现莎乐美开始疏远他之后，尼采做了许多极度孤独的人这时都会做的事情——他不管不顾地一头冲了上去，直接引爆了矛盾。如果莎乐美不打算要他，那他就非得先嫌弃了她不可。然而木已成舟，莎乐美和雷已经跑掉了（他们在此之后两年才分开），尼采不得不独自吞下嫉妒的酸葡萄。在导致莎乐美决定离开的某封信里，他写道："不要再给我写这些信了！我哪里看得上这种扯淡的垃圾？你还没发现吗，我希望你能在我面前显出点本事来，否则我就得鄙夷你了。"或许可以把这种鄙夷看成尼采受到了深而长久的伤害的表现，而且很可能的确如此，但现在我发现它是另外一回事，它流露的其实是一个人无法称心如意的愤恨。尼采希望他与雷和莎乐美的关系"恰到好处"——如修道院般、理想化的，但同时又排他而亲密，并且规则永远由他说了算。他不接受妥协，也无法假装成不是自己的人。在一段关系里，我们常常要对我们所爱的人说谎——讲些半真半假的、合对方心意的话。我们会仔细掂量斟酌哪些话可以说，而哪些话不能说。这些都是恋爱游戏的一部分，而尼采是个糟糕的玩家。他似乎需要说出或写出一切出现在他头脑中的念头，由其听众自行决定接受或离开。当莎乐美决定自己受不了他的言论并离开他时，尼采陷入了狂怒。

查拉图斯特拉身上也有这种狂怒的影子。他咒骂婚姻，时常对他的对话者流露出敌意，而且对世俗礼仪或理智方面的要求缺乏耐心。我想，读者尽可以通过查拉图斯特拉形象的发展来理解其作者本人这段时间里的混乱焦灼。1882 年 9 月 16 日，尼采在给莎乐美的信中提到了一种理论，而后她就用这种理论来阐释他的生活——"你将哲学体系的地位降格为其作者个人生活的记录的这个想法，着实是个与我心有灵犀的念头。在巴塞尔的时候，我正是以这种方式教授古代哲学史的，而且我常和学生们讲，这个体系本身已经被证伪并失去了生命力，但是你不能证伪它背后的那个人——你杀不死他。"

《查拉图斯特拉如是说》中，一针见血的洞见很多，但头脑混乱的论调也并不少。全书分为4部分，在1882年至1885年间陆续写成，是尼采所有作品中引发了最激烈争议的一部。有些人认为这本书才华横溢，但也有不少人觉得它简直是一派胡言。但我想至少有一件事是可以肯定的：即使是那些最不喜欢这本书的读者，也无法否定站在其背后的那个人。在某种微弱的意义上，人们在查拉图斯特拉这个人物身上看到的矛盾和悖论，就是尼采本人。而在这一点上，我相信，并不存在悖论。尽管有这种前后矛盾和不一致，然而在这本书和它的作者之间，同时——如果我们够诚实的话，也在这本书和它的读者之间——存在一种高度的忠实。它是现代心灵之分裂本质的真实写照。

1882年11月，在他们恋爱关系的风波已经平息之后，尼采写信给莎乐美，称自己对她的鄙夷只是从对自身的鄙夷中派生出来的："在今年之前，我一直不知道我是多么不信任自己。我与同伴们的交往，毁掉了我与自己的关系……"这种关系可能会摧毁自我，这个危险蕴于《查拉图斯特拉如是说》的核心。有时我们似乎会觉得对此种风险的揭示才是该书的内核所在，而非永恒轮回理念，但其实并非如此。永恒轮回是这部作品的内核，但它会不断地受到加诸自我之上的各种要求的威胁。"自我"并不是一个完全封闭的、统一的行为主体（尼采很清楚这点），它的繁荣/幸福（flourishing）需仰赖两件事：首先，它要能够最大限度地选择自己的道路，其次，当它失败时，能够主动接受其命运。陷入爱河会同时破坏这两个条件，尼采在他与雷和莎乐美的交往中认识到了这点。他后来的独身状态，既是自己的主动选择，同时也是境况使然。"亚里士多德说过，"尼采写道，"能独自生活者，要么是野兽，要么是神。但他漏掉了第三种可能性：他必须两者皆是，换言之，他必须是个哲学家。"

1894年，当尼采已经被送进疯人院，正在一个角落里发狂时，莎乐美写出了首部尼采传记，在其中她提出，他的悲剧结局是注定会发生的。她强调说："要想理解其作品，我们须得关注尼采作为人的一面，而非他作为理论家的一面。在这个意义上，我们的思考并不能使我们获得新的关于理论世界的认识，但可以加深我们对人类心灵的理解，看到心灵可以有如此的伟大，又有如此的病态。"用莎乐美的话说，尼采的哲学思辨和他的内心生命是彻底重合的。使他发疯的罪魁祸首并不是脑瘤或梅毒，甚至也不是躁郁症，而是他的哲学。疯狂是他哲学思想的必然结果。过深地沉浸于尼采式的个人主义、怀疑主义、完美主义和偶像破坏主义，就会让人精神变态，并迅速地使长久的伴侣所能提供的那种快慰离自己而去。这就是读者在《查拉图斯特拉如是说》中所发现的。

旅馆一片寂静，只听见我自己踏在红色地毯上的脚步声。通向林居各客房的门都镶有一种刷了清漆的结实橡木板，是将整条多节的圆木沿着横截面的直径劈成两个半条，然后再将它们并排靠在一起贴上去的，于是每扇门都呈现为完美的镜像——对称的两边一模一样。走过大厅时，我路过了无数蝴蝶、云朵、天使和脸庞，像是一次移动中的罗夏墨迹测验。一个小时后，我在 78 号房间门口停下来喘了口气：两只相对而立的孔雀用怀疑的眼神打量着我。我和它们对看了整整一分钟，然后突然注意到，或者说感觉到背后有人盯着我。一个身着灰色套装的秃顶男子出现在大厅另一头，看上去像在这里值夜班的看门人。他凝视了我片刻，很快地笑了一下，转身走了。很显然，我并不是他在旅馆里见过的第一只夜猫子。

5 点 51 分。我又来回爬了十几层楼梯，脚下加快了速度，汗水开始浸透睡衣。黎明即将降临，我得快点回到自己的房间去，表面上做出一副好好地生活着的假象。我把身子陷进壮观的大理石楼梯顶端的一把柳条躺椅里，闭上眼睛，想着稍稍休息一分钟就好。

《查拉图斯特拉如是说》正式开篇之前，其主人公正处在一个中间位置。查拉图斯特拉在他 30 岁的时候"离开了他的家乡和附近的湖"，前往高山之中享受精神的孤独。他意欲独自生活——成为野兽和神的结合体，或用尼采的话说，成为哲学家。然而又过了十年，当他来到今天我们大多数人称之为中年的年龄时，渐渐厌倦了做孤独的智者，"就像一只酿造了过多花蜜的蜜蜂"。换言之，他感到太孤独了，决定回到文明社会中。"于是查拉图斯特拉开始往下走。"起初，他在下山的路上没有遇到其他人。不过随着他越来越接近谷地一带，他在树丛中遇到了

　　　　　　　　　　攀登尼采

一个旧相识，一位圣人，此人发现查拉图斯特拉变得和之前不一样了。事实上的确如此。他现在很孤独，而且这让他郁郁寡欢。然而查拉图斯特拉还为他的回归提出了另一个更慷慨堂皇的理由："我爱人。"他解释道。接下来，他就去山下的小镇中继续寻找更多爱的对象了。

在这部书的开头部分，查拉图斯特拉犯了混淆"爱"和"需要"这个对他来说是灾难性的错误。他假装自己在爱，但实际上他是在极度地需索一些按着他自己形象造出来的同伴。他寻找那些会接受他关于超人的教导，并且对超人的理解和自己完全相同的人，此种行动反映的是一种自恋性的欲望，它必须以一种被事先严格划定的方式得到满足。这就是关于"人类陪伴"的庸俗解释——认为寻找伴侣都是事先有目的地计划好的，用以补偿一种精神上的，或个人化的缺失。然而，查拉图斯特拉在市集上遇到的那些可能与他恋爱或成为朋友的人，都无法填补他的空虚。他们太琐碎狭隘、太愚笨、太像人了。

把爱和需求弄混并为此感到心碎的失落者，绝不止查拉图斯特拉一个。在某种层面上，读者能意识到他的这种对朋友，或对灵魂交流的追求从一开始就必然要落空。他需要追随者和听众，但同时他又需要这些追随者和听众是有着自由精神的人——换句话说，就是不会去追随或听从他人的人。当他发现镇上的人注定无一够得上他的标准时，查拉图斯特拉很伤心，并且在心里对自己说："他们不理解我的话……现在他们望着我发笑；他们一边笑，一边还恨我。他们笑里带冰。"说完这些话，查拉图斯特拉又一次离开了，回到他之前走的那些与世隔绝的小径，一步步走进黑暗，"因为他习惯夜行，而且喜爱正眼观看沉睡的万物"。整部书就是关于一个在黑暗和光明、隔绝和陪伴之间往返穿梭的人的故事。

还有另外一种解读《查拉图斯特拉如是说》"前言"的方式，其中针对查拉图斯特拉为什么不能交上朋友或找到爱人提出了不同的解释。这个解释如此浅显直白，以至于我第一次读的时候甚至都没注意到。他与所有其他人隔绝，完全不是因为那些人身上有什么缺陷，而全是因为他强迫他们去听自己带来的消息："上帝已死。"这是个令人不快的发现，但查拉图斯特拉认为，它已经不该是什么新闻了。

上帝已经死了很久了。我们对神圣之物的信仰，长久以来一直在被许多来势汹汹的力量持续侵蚀着：科学的进步、理性时代、现代资本体系的诞生、消费主义令人分心的种种诱惑。上帝在这些东西面前毫无胜算。他的死没有什么好庆祝的；在最好的意义上讲，也只是制造了一个需要被填补的真空。就像陀思妥耶夫斯基最早说过的那样，如果上帝不在了，则一切都是允许的；于是人就可以做新的事，或者说必须做新的事了。查拉图斯特拉希望这些新事能够由众多精神自由者所组成的小团体共同来做。他教导人们何谓超人，以及如何自我超越时，心里便是怀着这样的念头。在一个后神学世界里，自我超越是仅剩的几个可供选择的人生目标之一了。这是个令人又激动又恐惧的可能性，会让刚刚萌发的人际关系背负起它无法承受的重量。

所以尼采式的自我超越为何会如此令人畏惧呢？查拉图斯

特拉解释说，它包括三段"变化"（metamorphoses）。首先，人必须要变成骆驼，被"过去""传统"和"文化束缚"的重担压弯了腰。我一直觉得这一段是整个过程中最为残酷的。通常，在我们对骆驼的描绘中，它们总是排成一条完美的直线向前行进，任劳任怨地背负着货物。但事实并不总是如此。骆驼是庞大、固执的生物——事实上，它们堪称"沙漠中的怪物"，并不乐意乖乖服从人类施加的约束。因此，在将重物驮上它们的脊背之前，人类必须彻底击垮它们的精神和意志，使其变得驯顺。人们会将每头骆驼拴在地上，然后饿它们很久。如果饥饿还没有软化它们的倔性子，就继之以毒打。负重牲畜都是这么养成的。

然而就在这时，尼采写道，在最荒凉的沙漠之中发生了第二次变化："精神在这里变成狮子，它要攫取自由，在它自己的沙漠里称王。"狮子将骆驼身上的重担甩到一边，并且一口吞下了它的前主人（这是唯一合理的推断）。这个阶段对于那些最叛逆的——以及许多看上去刻苦好学的——年轻人颇具吸引力，《查拉图斯特拉如是说》在20世纪受到的广泛欢迎与此也不无关系。狮子能"给自己创造自由，甚至对应当去做的义务说出神圣的否字"。这样一个"神圣的否字"是对一切因循价值的否认，是一场清算，一次勾销。不，这些还不够暴力。狮子是唯一一种可以与查拉图斯特拉称之为"名叫'你应当'的巨龙"之物搏斗并将其杀死的野兽。只有巨龙被杀死，狮子的意志——纯粹的个体意志——才能生存。所以巨龙必须死。

我们中的许多人——如果我胆子大一点，甚至可以说绝大多数人，只能走到这一步。我们拒绝被成规束缚，于是选择作为一头四处游荡捕猎的狮子度过余生。据尼采的说法，做狮子也并不值得羞愧，而且要想一直保持狮子好斗的精神并非易事，因此，长久地做一头狮子是具有英雄色彩的。实际上，直到全书的结尾，我们也并不清楚查拉图斯特拉本人有没有经历第三次也是最后一次变化。有件事是狮子所做不到的，因此它必须再变成另外一种形态。狮子可以将自己从责任和重负中解脱出来，然而它无法从这种否定的态度中创造出新的价值。为了创造新价值，狮子最后必须变成孩子，孩童状态的独特价值就是，"孩子是纯洁……是一个新的开始，一个游戏，一个自转的车轮，一个肇始的运动，一个神圣的肯定"。狮子的局限性在于，它仍然与"过去的种种习俗"有着紧密的关联，即使只是为了拒斥这些习俗。尼采认为，孩子却有着忘记过去、只专注于前方这一奇迹般的能力。这个孩子将会创造什么样的新价值呢？查拉图斯特拉暗示，讨论这些价值究竟是什么并不重要。它们将会是崭新的，与你之前见到的任何东西都不相同。另外，这个问题背后隐藏着的，其实是一种孩子所不知道的担忧。

对于尼采和查拉图斯特拉来说，友谊与爱情是否具有价值，取决于它们能否促进这些变化，推动超人的事业，以填补上帝之死留下的空白。查拉图斯特拉想找的朋友或伴侣可不是泛泛之辈。"在你的朋友的内心里，你要把超人当作'因'来爱他"，他这样教导人们。这教导背后的观念古来有之：当你爱某人时，你所爱的并不是一个身体或一个人格，而是某种更高的理念。比方说亚里士多德就相信，真正的朋友，乃是与人身上最高贵的美德为友者。不过尼采对伴侣关系的构想与此稍有不同：他在其中寻找的是超人的理念，而超人是那个乐于主动挣脱一切美德和"正常"的束缚，并以之换取更自由的未来的存在。

尼采在与莎乐美的交往中，初尝了这种关系的滋味。此种关系的确极为令人振奋，但同时也极不稳定，部分原因是双方压在上面的筹码都太高了。当然，无论是在尼采的时代还是在今天，人们都总能找到一些办法去克服这种不稳定性，去妥当地安顿好每件事情，使自己高枕无忧。在当时（在现在也是如此），结婚就是解决办法之一。但尼采担心这种充满爱意的友谊可能会缓慢却确定地向下滑落，不再致力于实现彼此的自我克服，而是沦为一种"邻人之爱"——两个人只在物理距离上而非心灵上靠近对方。"你们聚在邻人的周围，还赋予一个美名，"查拉图斯特拉指责人们道，"可是我告诉你们，你们对邻人的爱乃是你们对自己的薄爱。你们避开自己，逃往邻人那里，想以此树立一种美德；可是我看穿了你们的'无私'。"

我从躺椅上站了起来，快步走向"美景间"的方向。不过在进门之前，我决定再最后小小地探险一次。走廊里所有的门上都有序号，只有一间没有。我对打开东西有种近乎强迫症般的冲动，于是推了推那扇门。门一下就开了，露出后面的一道窄楼梯，楼梯通向一个位置较高的小厅。里面能看到七双鞋子排列在三扇毫无特点的门前。我猜这就是旅馆工作人员住的地方了。刚要往回走时，我注意到还有一扇上面标着"301室"的门，开了一条小缝。这个小厅空空荡荡的，天花板很低。它的墙壁背后还有一段楼梯，通向另一个厅，我后来才知道那里是天文台。它位于整个旅馆的最高点，视野开阔，窗子呈半环形围绕着房间正对着群山的那一面，此时太阳刚刚升起，将下方的谷地渐次照亮。在这个时候转身离开是很难的。《查拉图斯特拉如是说》的最后一句写道，他"离开他的山洞，就像从阴暗的山后升起的太阳，光芒四射"。这种必胜的信念充满了希望和期盼，然而我心里知道，从那些山上下来，还有比这远更凶险的方式。

我后来得知，301室是尼诺的房间，自从尼诺离开后就一直空着。尼诺是旅馆之前的夜班看门人。他和这里服务台的礼宾总管诺尔迪·吉亚马拉是多年的朋友，两人经常在天文台里一起吃饭。诺尔迪回想道，"那里特别靠近天空。在那个地方，你感觉自己像一个国王，但并不需要统治任何东西。我们离工作的地方很近，但同时又感到自己在很遥远的地方，讨论的也是很遥远的事情。"多年以前某个夏日将尽的日子，诺尔迪和尼诺结伴去附近的意大利瓦尔基亚文纳谷远足。他们中途分开了，诺尔迪先走，因为他和理发师有约。"在山路交会的地方，"诺尔迪写道，"尼诺一定是走错了路，走到通往山顶的那条路了。"暴风雨倏然而至，道路变得泥泞难行。第二天早上，人们发现了68岁的看门人的尸体。有时候，我们得当心不要误踏了那条向上的路。

我将目光向下投向谷底，并慢慢沿着山谷的走向尽我所能朝北方望去，望向圣莫里茨上方的几座高峰。1901年，雷死在了那里。尼采死后，雷搬到了锡尔斯－马利亚居住，并为当地居民提供医疗服务。随着雷年事渐高，他开始过起一种表面上堪称圣人式的生活——有人也称其为托尔斯泰式的，无私地帮助低地的农民们，让他们的日子过得更好。这肯定是一种很美的生活。但是在 10 月 28 日，雷却动身去攀登更高的山峰了，他独自一人沿着尤利耶山口西边的沙尔纳迪拉河谷的边缘徒步。没人确切知道他是怎么坠落的。据说在雷死前不久，他曾告诉他认识的一个人说："我必须得一直思考哲学。如果我哪天找不到更多东西可以思考，那也就没必要继续活着了。"在恰当的时候选择去死，这也是查拉图斯特拉的教导。他知道这么做绝非易事，经常关系到有意去选择那条向上的路。

我小心地走下台阶，沿原路走回到柳条躺椅旁，然后回到"美景间"中。此时，我的女儿和我的康德主义者还没有从安静的睡梦中醒来。

在山中

> 我们，我们所有人，都是些正在接近其爆发之日的火山；然而那一天什么时候到来，是远是近，没有人知道——即使是上帝也不知道。

> ——弗里德里希·尼采《快乐的科学》，1882

1885 年时，《查拉图斯特拉如是说》已经全部写成，但在很多方面它都只是一个开始。用瓦尔特·考夫曼的话说，这部书是尼采首次尝试"完整地呈现他的全部哲学。他之前的作品都只是其哲学发展中的一个阶段，而《查拉图斯特拉如是说》标志着最后一个阶段的开始"。在这本书里，读者们初次浮光掠影地瞥见了山巅的模样，而尼采会将他之后的整个余生都用以揭示和描述它。1886 年《善恶的彼岸》出版后不久，尼采写信请求他的朋友雅各布·布克哈特："读一下这本书吧（尽管里面讲的东西和《查拉图斯特拉如是说》没什么两样，但讲的方式却非常，非常不同……）。"在《查拉图斯特拉如是说》中，我们得到的是对永恒轮回和对"超人"的一幅印象主义图景。而到了《善恶的彼岸》中，大部分的象征和隐喻都不见了，它是一部体系化的哲学著作，旨在攻击一切会遮蔽查拉图斯特拉所攀登的山峰之物。

在出版《善恶的彼岸》时，尼采起了个创业的念头：他决定自费印刷这部书，据他的计算，只需卖掉 300 本，这笔投资就不算亏。然而最后他却只卖出了 114 本，还另外赠送了 66 本给当地的报纸和杂志社。清除遮蔽山巅的障碍将会是一项孤独的活动，对于这次失败的冒险，尼采总结道："人们就是不想读我的作品。"他只能一个人上路了。然而，到了 20 世纪中叶，尼采研究开始成为一门独立的显学之后，这本书的印数直线上升。其中有一本被埋在了我们的行李箱底，在贝卡的玩具下面。吃过早饭，我把它翻了出来装进背包，向卡罗尔许诺自己会在午饭前回来，然后离开旅馆，打算在外面慢跑一阵子。

进山小径的起点还在我多年前离开它时的地方，尼采之家后面的角落处。小径径直延伸至山顶方向，实际上，它的角度有些过于凶险了，因此在我离开的这些年里，有人明智地在上面凿出了阶梯。走在陡峭的阶梯上，你会始终保持着一种紧绷之感。这时最好的策略是以一个恒定的步频匀速前进，让身体渐渐适应这个运动强度。但我没时间这样做了，我必须在午饭前回到旅馆。"尽可能不要坐着不动，"尼采在 1888 年这样教育我们，"不要相信任何观念，除了在户外开阔的空间中自由活动时想出来的那些——除了在肌肉感到兴奋时想出来的那些。"我的肌肉可以等等再兴奋。我一边大口用力地呼吸着稀薄的空气，一边走到了林木线附近，然后沿着一条盘旋蜿蜒的路线向山脊的方向走去，我知道我在那里至少可以看见真正高峻的山峰，即使不能亲自到达。"坐着不动，"我的隐士解释道，"才是圣灵眼里真正的罪恶"。

有好一会儿，我除了自己运动鞋踩在泥土地上的声音外，什么都听不见。但接下来我便开始听到风里有其他的声响：似乎远处有什么人或东西在闷声哼哼。这声音越来越响，越来越近，让我越发疑惑起来，直到最后我意识到，发出这声音的其实是我自己。人在山中，总有些冲动是怎么都压抑不了的。我好像又回到了 19 岁初到这里的时候，只是这次氧气变少了。我在地面上一个浅浅的凹陷处暂时停下来休整，为前方的又一段上坡路做好准备。当尼采在这些山中小径间游荡的时候，他是在寻找一种在现实中也能起作用的哲学（a philosophy that could have traction in life）："当我们决定一本书、一个人，或是一首音乐作品的价值的时候，首先该问的问题是'它们能行走吗'，它们能直立起来，负担着自己的重量，向前行进一段路程吗？"根据尼采的说法，大多数哲学家和大多数哲学都做不到。我调整了一下背包的位置，伸手掏出了我出发前装进去的那本薄薄的小书。只休息一小会儿就继续上路。

《善恶的彼岸》有两个主要的攻击对象：康德和女人。作为西方经典传统中最伟大的道德哲学家之一，康德以其"责任论"而著称，而这个理论把尼采气得发疯。这位来自柯尼斯堡的小个子所发明的道德义务观，与尼采关于精神自由的构想水火不容，对其形成了极大威胁。然而康德还有另外一个更为根本的错误；并不需要推演到道德理论那一步，他的哲学体系在根基上就是有所缺失的。在转向伦理学之前，康德首先是一个知识论学者：他想知道哪些类型的真理是人类理智所可以获致的。康德在18世纪80年代遇到了大卫·休谟及其他英国经验主义者所持有的怀疑论的挑战，并决心攻克这一难题。现代怀疑论近乎认为所谓"真信念"仅仅只是习俗、观点或习惯而已——换言之，它没什么了不起的，而康德则想从此种攻击之下拯救"真"和"确定"的首要地位。他实现这一目的的方式，在尼采看来，是荒诞不经且在哲学上可疑的。

康德认为，人可以理解许多无可置疑的关于这个世界的真理，这是因为人类拥有某种可以理解许多无可置疑的关于这个世界的真理的心智官能。他的理论本身比这个总结所呈现出的要复杂，但也没有复杂太多，而尼采认为康德只是做了个连篇累牍的循环论证。而接下来，康德就开始用这个循环论证来解释价值——道德和审美判断的根源。人类具备用以确证真理的理性能力，这使他们迥异于其他一切动物，也使他们变得如此特殊以至于拥有"无可比拟的价值"。这意味着他们不能被买卖也不能被剥削，或用他自己的话说，不能被"仅仅当作手段来使用"。故事听起来很不错，但它是建立在一个循环（因而错误）的论证上的。本来只是这样也没什么大不了——假设欧洲哲学史没有花上一个多世纪来捍卫康德的至高胜利的话。而到了一个世纪后尼采写作的时候，他已经受够了对康德的这种推崇。

道德价值的源头究竟在哪里？尼采认为，价值肯定不是来自某个神秘莫测的、能够让人掌握真理的心智官能，而是起源于一种根本需求，一种无比广泛地天然植根于人内心深处的、对存在的不确定性的恐惧，而现代社会机制被建立起来就是为了抗拒和掩盖这种恐惧。我从来没有就这个问题和卡罗尔争吵过，但我曾经问过她："为什么你会被康德吸引？他是个无可救药的性别歧视者，你知道的吧？"没错，她知道，但毫不介意。康德提供了她称之为"明晰的确定性"（manifest certainty）的东西，而这足以让卡罗尔原谅他其余的一切。明晰——清楚、直白、显而易见、一目了然、不容怀疑、不言自明的那种确定性。她甚至都没那么在意康德的论证本身，只在意他的结论：每个人类成员都因其理性官能而拥有无可比拟的价值，而这意味着在道德的天平上，没有哪个人比另一个人的分量重。

康德的循环论证许诺了一种朴素而基础的平等，使卡罗尔可以将这一理念作为她生活的指引，并且继续怀着相同的信念生活下去。我足够了解她，知道没必要关于此事与她争论。她在萨斯喀彻温省的一个小镇里长大，象牙塔对于她本是个遥不可及的存在。14岁时她获得的第一份工作是在从她卧室窗口望去就能看见的那家卡车补给站餐厅做服务生。"所有人都因其拥有理性能力而平等"堪称公理，其正确性无须以学术的方式证明。它具有一种不可置疑的实践（practical）力量，正是这个信念引领着卡罗尔走出卡车补给站餐厅，使她成为加拿大平等主义政策的受益者和拥护者。否认这个信念，就是否认她这一路上获得的成绩：大学毕业生、博士生，直到在哲学领域里成为一名女性终身教授。卡罗尔坚定地捍卫康德的"明晰的确定性"，仿佛她的身家性命系于其上一般——因为，在某种层面上的确如此。

尼采解释道，无论哲学家们说着多少情怀高尚（high-mindedness）的漂亮话，哲学活动的动机实际上常常是满足某些残酷需求——对保护的渴望，由进化适应性驱动的对营养的偏好，帮助人有效应对充满危险的世界的手段。这些需求就是尼采笔下所谓"真理意志"（the will to truth）的源头，是驱使着康德去创立那个后来支配了西方哲学的思想体系的源动力。尼采提出："必须把绝大部分有意识的思考算作本能活动，甚至对于哲学思考也是……"人之所以会被明晰的确定性吸引，这并非理性论证的结果，而是原始恐惧的产物。

我又开始前行了。天啊，这里距离山脚下竟然有这么远！"绝对的确定性"不会在海拔如此之高的地方居住。慢慢地，小径变窄了，脚下的路面也从泥土变成了岩石，上面能依稀辨认出少量行人踏过的痕迹。我的左边是直插入天际的花岗岩峭壁；右边是空无一物的万丈悬崖，而这里既无扶手栏杆，也无安全网。在长篇大论地攻击了康德之后，尼采转而提出了作为"自由的精神"行走于世间这一可能性。这些摆脱了桎梏的思想者会是什么样子？有一件事是确定的，尼采认为："他们肯定不是教条论者。那样必然有悖于他们的自负，"他解释道，"也有悖于他们的趣味，要是他们的真理竟然还得是众人的真理……'我的判断是我的判断：其他人再要有这个权利可不容易。'这样一个未来的哲学家或许会说道。"

尼采在宣告一个新时代的到来，其中将涌现出他称之为"未来的哲学家"的新一代哲学家。或许这些人仍然会受到"求真意志"的驱动，但他们绝不会将其视作最高理想而疯狂追寻，也绝不会将宏大的幻觉错认为真理——这是更加危险的。尼采认为康德的"明晰的确定性"是可鄙的，因为它摆出一副客观的姿态，将薄弱的观点层层包装粉饰，冒充绝对真理。在全书的最后一部分"论自由精神"中，尼采将"真理"议题彻底撇到了一边。他的"未来哲学家"将为"生命意志"，或一个更广为人知的说法，"权力意志"代言。权力与假扮出来的真理是非常非常不同的。

太阳几乎在头顶正上方了。我承诺过卡罗尔会在午饭前回去，而且我们向来极为看重这种承诺。我恋恋不舍地最后望了一眼特莫吉亚峰与弗拉峰这两座高达 1100 英尺的高山，然后转身走回锡尔斯－马利亚。如果用跑的话，我还是能在午饭时间及时赶回去的。跑步下山是一种你可以控制的自由落体运动。这些年来，我始终没有完美地掌握它，但我渐渐喜欢上了它。在理想状况下，你需要让自己的腿以短而轻快的节奏移动，并且克服天性中的矜持胆怯，将身体向下坡的方向前倾。许多好的跑者都提到，它和跳舞不无相似之处：你需要放松肩部，让手臂在微风中摆动。最重要的是，不要想着急刹车。在下坡路上突然停步是造成骨折的最常见因素。在关于未来哲学家的议论结尾处，尼采写下了这样一句毫无停顿、一气呵成的话：

> 我们，曾在精神的众多国度里安过家，至少做过客，一再从那些阴暗而舒适的角落逃出，离开那些似乎要使我们缩进角落里去的偏爱或偏恶、青春、出身、与人或书的偶然相遇，甚至是旅行的疲倦，深恶痛绝那些潜伏在荣耀、金钱、职位或者感官兴奋之中的令人有所依赖的诱饵，对

穷困或善变的疾病甚至心怀感激，因为它们总是把我们从某个规则及其带来的"成见"那里解脱出来，对上帝、魔鬼和我们当中的绵羊与蠕虫心怀感激，好奇直到好奇成为恶习，做个研究者直到研究成为残忍，用不加思量的手指对付不可捉摸之物，用牙和胃对付最难消化之物，准备做每一件要求机敏和敏锐感官的事情，时刻准备冒险，感谢"自由意志"的过分洋溢，带着灵魂前部和后部（没人能轻易看穿它们的最终意图），介于前台和后台（谁都不给摸透它们的底细）之间，隐藏在灯罩下，做征服者，哪怕我们看起来同样像是继承人和败家子，做夙兴夜寐的排序者和收集者，做我们的财宝和塞得满满的抽屉的守财奴，精打细算地学习并遗忘，在计划上富有创造力，时而自豪于分类表，时而做个书呆子，时而在明朗的白昼里也做一只工作的夜猫子，如果必要，甚至可以做个稻草人——今天这样做还是必要的：也就是说，只要我们生来就忠诚而心怀嫉妒地做孤独之友，我们各自特有的最深沉的子夜和正午的孤独——这样的人便是我们，我们这些<u>自由的灵魂</u>！

我知道自己会滑倒，鉴于我的跑鞋已经旧得不成样子，摔倒几乎是不可避免的。但我真的摔倒时，马上就要回到镇上了。在此之前我的下山之路一直顺顺当当，因此当发现林居出现在视野里的时候，我就开始不大小心了。我忘了要轻巧地小步前进，开始大步冲向终点线——那条宽宽的，将我引回到文明世界怀抱的石子路。本来我的脚后跟甚至不应该落地的，然而一不小心，它们就绊在了几块松动的铺路石上，让我重重倒了下去。实际上，是滚了下去。最后只是磕破了一小块皮，稍微扭伤了膝盖而已，没什么需要忍受的。我在午饭前及时赶了回去，并且欣慰地在旅馆里休息了一整个下午。

"那是本最愚蠢的书，亲爱的。"卡罗尔指着我那本《善恶的彼岸》说。

她并不是在找碴儿吵架，只是在陈述事实。她经过桌子旁的时候，笑着伸手掐了一下我的手臂后侧，当时我正在把背包里的东西拿出来。我从满桌的蜡笔和塑料小人玩具中间清理出了一块干净的地方，用来放我心爱的书。

她告诉我说，康德的论证不是循环的，而是假设的（hypothetical）。Hy-po-thet-ic-al，她故意一个音节一个音节地慢慢拼出这个词，为了确保我听懂她的意思。这是个"如果—那么"结构的论证：如果一个人认为存在客观的道德价值这种东西，那么它就必然是建立在那种使得一切价值成为可能之物，即我们的理性能力之上的。普通的物件——桌子、椅子、填色书、塑料小人玩具之所以有价值，是因为有人认为它们有价值。如果没有任何人在意它们，它们就不再有价值了。她拿起贝卡目前最喜爱的那个毛绒玩具，解释说使斩掉"小蜜蜂"的头这一行为成为错误的唯一原因，就是会严重刺激到我们的女儿。但倘若下个星期贝卡不再喜欢它，去玩别的玩具了，那么届时我们就可以随意折磨"小蜜蜂"而不会有任何道德上的负担。而根据康德的观点，人因其具备心智官能而不同于"小蜜蜂"：即使没有任何人在意我们，我们仍然是有价值的。康德不是在力求使一个不相信真理或道德存在的人相信它们，而是想给那些本来就相信它们的人一个支持其信念的理由。他是在对一个神志清楚，并且大致上有道德的人说话——而不是对尼采这样的人。

这个讨论之后还可以继续，但此时此刻我们需要先去履行身为父母的义务了。我们拿出冬天的厚衣服，给贝卡穿戴好，向着我曾经的"母山"科尔瓦奇峰山脚下的缆车出发。山谷里的气温有18摄氏度，还是很温暖宜人的，但山顶则会冷至冰点之下。我记得，这就是那个供"自由精神"去审视和思索禁忌之物的所在。当19岁的我寻找"母山"的时候，曾遇到一道裂谷，它差一点就吞噬了我。而现在我已为人父，因此应该特别刻意避开此类危险。从尼采死后，这座山就持续吸引着众多其他朝圣者，包括最近来过的阿兰·德波顿，他重申了尼采的这个观点——绝美的景色只能经由艰辛的攀登抵达："只有对极度的艰难困苦做出明智的应对，才能实现。性情浮躁的人很容易干脆拔掉一颗白齿，或是刚到科尔瓦奇峰的低坡处就弃之而去。尼采力主我们继续忍耐。"在这点上德波顿很可能是对的，但有时为人父母意味着不得不坐缆车，就像我们现在所做的那样。

即使坐缆车上去，这座山仍然颇为可怕，而贝卡一开始并不怎么开心。我把她抱起来，让她看缆车轿厢窗外的景致，但她却毫无兴趣，把脸埋进我的脖颈。"它太大了。"贝卡小声说。我能理解她的感觉：这座山的确显得比我记忆中还要大，并且以一种我年轻时没有察觉的方式令人生畏着。虽然很难承认这点，但我实际上很高兴这次身边有了同伴，这让我有借口不去走那些险峻的山道。

到了1886年的夏天，尼采开始乐于接纳访客，其中大多数是年轻女人，进入他在锡尔斯－马利亚的隐居处。他为这些人充当热情的向导，带着她们游览乱石丛生的崎岖地带——哲学上和地质上的。实际上，这个时候他的健康状况逐渐恶化了，他之所以能继续走上山间小路，全要仰赖这些女人的扶助。如果没有这些同伴，他甚至连独自行走都做不到。受人尊敬的瑞士玛什林家族的最后一位成员梅塔·冯·萨利斯成了尼采的密友。她是研习法律和哲学的学者，一位剪短头发的、特立独行的贵族，一位坚定的女权倡导者。冯·萨利斯单凭自己一人之力，就让这位隐居的哲学家获得了恩加丁谷地一带政治和学术精英的赞许。他喜欢她的陪伴，也感激她为改善自己的日常环境做出的努力。另外一位比尼采小10岁的犹太女子海伦·齐默恩做的事情则更进了一步，她到锡尔斯－马利亚来陪他散步，还翻译了他关于叔本华的研究论文和《善恶的彼岸》。女权主义者、犹太女子、尼采：这似乎是个奇怪的组合，但事实上他们的关系比他之前设想过的与莎乐美和雷三人一起的存在要和谐得多。

不过，尼采对他这些同伴所扮演的角色，有着矛盾的感受。他觉得自己本应是更优越的那个人，但在很多意义上事实都并非如此。每次一起散步后，他的两个女伴可以继续往前走，而尼采则需要休息数日才能恢复精神。他的偏头痛又回来了，疼痛让他做不了任何事情，在这段时间里他极度担心自己会变得虚弱无力。两位年轻女子尽了她们最大的努力让他还能正常生活，但她们的存在和她们的协助都只会让他愈发强烈地意识到自己是多么虚弱。我完全能想象，这种情境会让人生出多少怨恨。他无疑需要她们的陪伴和安慰，但对于一个渴望攀登险峻的高山，踏上人迹罕至的步道的人，这样的需求显得不符合他的身份。我觉得，我们最好在这个背景下去理解尼采关于女人的很多言论。

在《善恶的彼岸》和其他一些地方的尼采，是个厌恶女性的人吗？很可能是的。至少在有些时候是。尼采身上也反映了他那个时代的男性沙文主义，而且他反对"为了作为抽象概念的女性权利而斗争"这个观点，然而很多时候，他关于女性的言论流露出的都是一种迷茫甚至恐惧，而非真正的仇恨。话说回来，他无疑是时常恨着莎乐美的。"在复仇和爱情两件事上，"他写道，"女人比男人更野蛮。"并且他很可能在某些时候也颇为怨恨他的女性照料者们。但总体上说，我倾向于觉得，他还不至于愚蠢到会去简单粗暴地将半数人类直接论断为劣等，而且以他敏锐的反思能力，也不可能意识不到自己偶尔尖刻的话其实只是不安全感的产物。

然而，陷入狂怒者是很难有余裕留给自知的。到了接近傍晚的时候，我已经火冒三丈了。尽管白雪覆盖的山顶依然美丽，但缆车轿厢里冷得要命，人们身体挤在一起的温度也无助于让这个金属盒子暖和起来。而且在里面我们只能一动不动地待着，就更冷了——像个装满冻肉的铝制容器。一个来自肯塔基州的大块头女人试图把自己塞到我和贝卡中间，好把尼采最爱的这座山看个仔细。她的闺蜜随即挥舞着自拍杆出现，于是拍照活动开始了。一根自拍杆究竟施加了何等暴力呢？在缆车下降的过程中，这个问题不断萦绕在我的脑海里。突然，一个轻柔而熟悉的声音将我从沉思中拉回到现实世界："亲爱的，我们拍张照吧。"

我不是想伤害卡罗尔，也对那两个肯塔基女人并无恶意。我真正想做的是伤害自己。这么多年后，那个19岁的自己仍然活在我的心底某处，不顾一切地想要把我杀掉，或是让我跳进某个黑暗的洞窟里。我对着照相机摆出笑容，镜头里出现一只咧着嘴笑的、被驯化的家养动物。我们到达山脚时，这张照片可能已经被发到了脸书上，并收到好几十个"赞"。然后我被期待要去给这些"别人赞了你的照片"的广播点赞，这样羊群的友谊就可以地久天长。我抱紧贝卡，努力让自己不去想照片的事。

和家人一起来这里是个坏主意。认识卡罗尔之前，我从没想到过要孩子，一点都不想。我成年后的大部分生活都是建立在"不要成为自己缺席的父亲那样的人"这个前提之上的，长久以来我总是默默希望着自己可以避免抛弃贝卡或卡罗尔。但我还是会偶尔忍不住觉得，如果我这样做了，可能每个人都会过得更好。

"你是一个可以允许自己想生个孩子的人吗？"终生无子的尼采这样问道，"你是常胜者，自我克制者，感官的命令者，自己的各种道德的支配者吗？"我不是——还差得很远。挫败、自私、不安全感——我们假定做了父母就应该控制住自己的这些情绪，但在我有限的经验里，这些心理现象恰恰是养育孩子所带来的。我的朋友克兰西，是我认识的少数几个做了父亲的哲学家之一，也是个出色的尼采译者，据他说，养育孩子就像砸碎岩石那么难，甚至更难。历史上，男人们选择了找借口逃避这种苦役，假装"养家糊口"是和抚养孩子同样艰巨的任务。不用说，这是场宏大的闹剧，一个为了方便有效地把女人们困在家庭里而制造出来的文化迷思。在下一个世纪，随着父权制的衰落，越来越多的男人将要体会到关于育儿的残酷真相——它经常困难得超乎想象。

贝卡钻进我怀里，拉我的手肘："爸爸，我想撒尿。"

"好的，宝贝，爸爸也想。我们马上就到了，再忍一会儿好不好？"

"养育孩子是件不确定的活动，"前苏格拉底时期的哲学家德谟克利特告诉我们，"只有在不停搏斗和担忧了一生之后，才算胜利到达终点。"这并不是老生常谈的废话"养孩子很难"，而是一个更为令人不适的说法，即"只有死亡才能使人豁免养育子女带来的牵肠挂肚的紧张"。在这种情况下，感到彻底的厌恶，想要逃跑，可能只意味着你在郑重地关注养育子女这件事。在柏拉图的《理想国》中，苏格拉底曾评论道，只有不情不愿的统治者才是最适于领导城邦的人。好的统治几乎是不可能的，而那些会觉得统治很容易或很愉快的人最终都无法胜任。那些欲求权力的人经常是出于错误的原因这样做的。在我内心深处思绪如麻、被禁止的念头肆意游荡的时候，这个想法给了我相当大的安慰。或许做父母也是同理：只有那些在面临养育的繁重责任时恐惧战栗的人，才是最适于肩负这些责任的人。

　　缆车一到山脚下，我就一把揽起贝卡，紧紧抱着她（或许有点太紧了）向洗手间冲去。终于见到抽水马桶的时候——躲开了无数游客，又排了好一会儿的队，最后终于在身上摸索着找到一枚瑞士法郎开了投币门——我们两个都已经尿了裤子。我笨拙地试图做一个成年人，结果却退回到了婴儿状态。贝卡这时正好抬了头，看见我越来越阴沉的脸色，绽开了一个笑容。"爸爸，对不起。"她呢喃道。

　　傍晚我们驾车回到镇上的时候，山谷里下了一阵骤雨。雨停后贝卡很高兴，叽叽喳喳地说着我们在山顶堆的那个雪人，而我记起了梅塔·冯·萨利斯是如何描述自己在1887年秋天与尼采分开时的情景的。那年夏天他们两人几乎每天都在一起度过，并且非常关心彼此。他们就是在这里分别的——在席尔瓦普拉纳湖的岸边，科尔瓦奇峰的山坡上，离让尼采想出永恒轮回的那块金字塔形巨石不远的地方。在之前的一整年里，梅塔见证了尼采渐渐坠入抑郁深渊的整个过程，这是一种心理上的顽疾，用尼采自己的话说，"比我经常遭遇的那些极端而暴烈的危机更加凶险"。我们路过那块巨石时，我记起了他们分别的场景："空气中有那种尼采喜欢称之为'不属于这个世界'的、清亮的秋日调子。"冯·萨利斯写道。那是个微风习习的午后，湖面上倒映出的云影闪烁荡漾在两岸之间。穿越"湖与锡尔斯之间那段荒凉的野地"时，那个男人轻叹了一声，悲伤，同时又带着解脱。"我又是个无依无靠、孑然一身的人了。"他说。

论谱系

> 随着呼呼的、飕飕的、飒飒的风声，棺材裂开了，发出千声大
> 笑……
>
> 它向我发出大笑、嘲讽和吼叫。我吓得毛骨悚然，它把我摔在
> 地上。我吓得大叫，以前从没有这样大叫过。可是我自己的叫
> 声把我惊醒了——我清醒过来。
>
> ——弗里德里希·尼采，《查拉图斯特拉如是说》，1883

与家人一起在旅馆附近游览了三天之后，我设法为自己安排了一个上午的自由活动时间。现在天刚蒙蒙亮，而我已经在山路上走了几个小时。太阳升了起来，我摘下头灯塞进背包里。出门前我告诉卡罗尔，不用等我回来吃早饭和午饭了。

这种徒步旅行最令人生畏的部分是开头那段，但无论如何总好过坐在科尔瓦奇峰缆车轿厢里的那种疲倦和悲伤。徒步活动是一种掌控悲伤的手段，如果注定无法平息它，至少能把它置于自己的控制之下。很多年来我都是这样做的，但我仍然既无法知道路上会发生什么，也不知道自己究竟何时才会回去。我没有告诉卡罗尔这些，但她看见了我出发前装得满满的登山背包，所以她一定知道。也许我会在晚饭前回去，也许不会，这次全凭我自己决定。在很多层面上，我都知道自己是多么幸运：没有多少伴侣能够做到像卡罗尔这样，愿意站在他们所爱的人近旁，平静地见证对方去冒险。"站在近旁见证"与"远远地看着"

全然不同。前者意味着一种充满关怀和警觉的守望，它实质上允许了冒险行为的发生，也使（如果运气好的话）随冒险而来的成长成为可能；而后者则是一个并不真的关心你的人，对你冷淡地好奇。我何其幸运。卡罗尔始终都为我扮演着那个尼采经常向其读者声称自己所扮演的角色：她是湍流旁的那条扶手栏杆，但从不试图做拐杖。

　　我走在菲克斯山谷上方的那条高高的山路上。菲克斯山谷是一条向南延伸到意大利的冰蚀谷，再沿着斜坡向上就是高达700英尺的高地，徒步旅行者能够沿着它走到冰川脚下。我走的那条路向下通向菲克斯，那是位于谷底道路尽头处的一个房屋集群，从那里我可以再行经几条山脊回到群山中去。这条路通向我年轻时曾落脚过的一个临时处所，高地上方一英里处乱石丛生的地貌上斜斜插着的一片巨大的花岗岩。我19岁的时候曾经在那里过了两夜，现在我想去看看那座坟墓是不是依然在原来的地方。

　　"对你出生之前的事情保持无知，就是始终没有长大的表现。"

　　西塞罗两千多年前写下的这句话，可以作为一个缩写式的概括，以帮助我们理解尼采在出版于1887年的作品《论道德的谱系》中所采取的分析路径。尼采从未失去过他最基本的语言敏感，即察觉到人要想达到现世的幸福和繁荣，就必须先设法理解遥远的过去。在西方哲学史上，伦理学家们惯于去寻求那些具体理想来为美好生活奠定基础。而尼采思考道德问题的进路则是回避了此种说教倾向，它转而探究我们关于美德的观念背后的理论过程。他的《论道德的谱系》并不意在判定何为"好""坏"，而是要去解释我们一开始为什么会想到做出这种现在人们已经几乎无意识地会去做的道德区分。在这个意义上，它是一种智识的考古学。

被一个人，或一个民族埋在地底不见天日的那些东西究竟是什么呢？那些指引着现代性的理想和价值下面又藏着哪些东西？面具后面究竟有什么？在他的哲学生涯临近尾声的时候，尼采想要回答的是这些问题。对于这个40多岁的人来说，这一年过得并不顺利。他解释道，出于很多原因，直面自己的过去都是件既不容易也不愉快的活动。在《论道德的谱系》中他这样写道："我们就是必然会对自己保持陌生，我们不理解我们自己，我们必须混淆自己，对我们来说，有条永恒的法则叫作'每个人对于他本身皆是最遥远者'——对于自身，我们并非'认识者'。"完全的自知在方法论上就是不可能的，就像狗拼命追自己的尾巴一样徒劳，但尼采的《论道德的谱系》仍然邀请其读者尽量去追溯自己的来历，而这已经足以使他们理解自己将来可能成为什么。

当人回溯过往的时候，他很可能瞥见某些令他深深不安之物。尼采认为，在西方世界所有光鲜宜人的表象背后，是一部沉默的、受苦的历史；现代生活的井井有条之下，人们始终在极力掩饰和压制那些关于痛苦的言说。事情是这样的：在西方文明诞生之初，就有两种人存在——主人和奴隶，由此也产生了两种不同的道德。

尼采称，主人道德是由古代晚期的统治者罗马人和希腊人所发展出的道德，就其本质而言是直接的。对于主人来说，"好"的东西就是前进的、自我肯定和取得进步的力量。而"坏"的东西则恰恰与此相反，是疲弱、迟缓、胆怯，躲躲闪闪的。尼采给出的主人道德，或"贵族的价值等式"是这样的：好就是高贵；高贵就必然意味着有力量；力量是美的（尽管它有时也可以很可怕）；任何美的东西都是幸福且被神所喜爱的。这个等式给了主人们一个简单而准确的，衡量他们自身价值的方式。这就是为什么尼采说主人可以"清楚地观看他们自身"的意思。我的学生们有时会让我给他们举一个主人的例子，我猜这是因为我们已经很难在当代社会找出这样一个人了。我一般会给他们看"第一门的奥古斯都"（Augustus of Primo Porta）。这座大理石雕塑是 19 世纪中叶在罗马城外被发现的，塑造的是盖乌斯·屋大维，即后来的罗马帝国奠基人奥古斯都·恺撒的形象。奥古斯都像高近 7 英尺，如果把这些大理石想象成血肉之躯的话，他将是一个 250 磅重的肌肉发达的壮硕男子。如果再穿上胸铠和甲胄，他的身形可能有绝大多数哲学家的两倍大。比普通人伟大得多，但还没有伟大到让普通人无法渴望去企及的程度。他右臂张开，平静地凝视着，自豪地越过伸出的手臂，进入一个只属于他自己的未来。他赤着脚，这并非意味着他穷得穿不起鞋子，而是标志着他接近神明的属性。在古罗马的图像符号体系中，只有凡人才必须穿鞋。

"你觉得他是个怎样的人？"我记得自己这样问过学生中较文雅的一位。

她局促不安地沉默了片刻，然后用微弱得几不可闻的声音开口说道："我觉得，他看起来像个混蛋。"班上的其他同学纷纷大笑着表示同意。

尼采认为，"第一门的奥古斯都"会在当代西方社会被视作混蛋，这是早在意料之中的。我们应该感到惊讶的是，这种转变在历史上如何得以发生。

在从奥古斯都之死到公元 4 世纪君士坦丁统治之间的 300 年里，罗马人所崇拜的对象从一个主人式的半人半神，变成了一个毫无尊严地被钉在十字架上的瘦弱犹太人。尼采的《谱系》一书就旨在对这一转变做出解释。当然，关于罗马帝国如何成为神圣罗马帝国这一话题的历史著作已经有很多了，但尼采所感兴趣的并非纯粹历史性的叙述。他想要探究的是其背后的道德和心理变迁，这一变迁被他称作"奴隶道德"的兴起。

奴隶道德一点都不坦率直接。奴隶从眼角余光里长长地瞥视他的主人，然后沉默地等待一个时机。尼采说，犹太人就是古代世界最典型的奴隶。《旧约》极为清楚地体现了这一点：犹太人是被压迫者，而其他所有人都是他们的主人。一个早期犹太人的处境简直糟得不能再糟了。亚述人会将金属钩子钉进他们的下颌，用尖刀插进他们的眼睛，然后再将他们的身体刺穿钉在木桩上。罗马人扔他们去喂狮子，把他们活活烧死，将他们钉上十字架。就是在这一切苦难和折磨中，诞生了奴隶道德。它源自一个关于痛苦的基本洞见——并非所有的苦难都是平等的。有些苦难的的确确是无法忍受的，也就是说，它没有任何缘由或解释。而另一种苦难则是使人可以忍受，甚至是情愿的：这种受苦是有原因的。于是，人们只需找到一个非常棒的故事来解释他们为什么要被折磨就可以了。

尼采认为，奴隶道德起源于犹太人的怨恨（ressentiment），即他们对其压迫者的恨意。主人是免疫于怨恨的，但奴隶会将其卑下地位带来的痛苦转化为对强者的刻骨鄙夷。既做患者又做治疗师的尼采深知，怨恨在根源上有其极可理解之处（毕竟，这是一个曾在后来承认过自己只想去攻击那些占了上风的运动和观念的人）。但他认为我们需要克制这种感情："羊羔怨恨猛兽毫不奇怪，只是不能因为猛兽捕食羊羔而责怪猛兽。"而这正是羊羔所做的事情，他们指责猛兽的食肉本性。尼采想象，在群羊的集体会议上，它们构建出一种新的伦理秩序，以表达自己对被掠食的命运的不满："这些猛兽如此之恶，难道和猛兽截然不同，甚至相反的羊羔不能算是好的吗？"自然的价值体系就在这一点上开始被颠倒，于是奥古斯都变成了一个"混蛋"。

统治者被当成"混蛋"，因为奴隶道德指责他的力量；他拒绝放弃力量，拒绝使自己变得卑微或假装柔弱，这就构成了他的罪名。主人始终可以自由地选择放弃权力，选择变得像羔羊一样温驯合群。他不愿意这样做，就是他道德败坏的表现——一种近乎自大（hubris）的傲慢，这是奴隶社会永远不能原谅的。当然，奥古斯都丝毫不会在乎他的奴隶们怎么看待他，但对于这些奴隶自己来说，只有这个想法，这种使用新的道德体系审判其主人的能力，才让他们活得下去。

奴隶道德的胜利，因其本质必然是阴暗而隐蔽的。它在压迫之下繁荣兴盛。怨恨的两大源动力，压抑和苦痛，只会让它变得更强大、更坚韧。这并不是在说，奴隶道德的发现使得犹太人以及后来的基督徒（是他们将奴隶道德发展到了极致）的处境在客观上被改善了。一点都没有改善。实际上，尼采声称，随着奴隶们屈服于怨恨，他们开始刻意恶毒地折磨自己，让自己的日子变得更难过了。如果苦难和折磨与道德的正值相关联，那么极度的痛苦就必定意味着纯然的圣洁。除此之外，尼采问道：还有什么能解释耶稣被钉在十字架上会是一种神圣的自我牺牲呢？

在整个19世纪80年代，尼采一直在实验他称之为"禁欲主义理想"的东西，并思考关于它的理论。十字架之刑就是被这样一种理想所驱动的，但这位锡尔斯—马利亚的隐士所感兴趣的，是整个一系列自我节制，以至于最终引向自我毁灭的行为。"禁欲"（ascetic）是从表示"修道士"（monk）的拉丁词语衍生出来的，但它更直接的词源是"asketikos"，意为"严苛地自我约束的"。这种严苛约束在人类发展史上由来已久。那个会伏案写作5个小时，然后徒步3个小时，再回来写5个小时的人，就是出于对禁欲主义理想的迷恋而这样做的。任何一种剧烈的运动，或艰难的长途跋涉都反映了禁欲冲动。作画、写作、锻炼、研究、育儿，这些活动全都要求相当程度的自律。但是在1887年，尼采写完《谱系》的时候，他开始看到禁欲主义中还有某些重要的东西，它最早被犹太人所利用，接下来又在我们这个奴隶道德的时代逐渐发展到失控的地步。当其生活完全被控制在强大的主人们手里时，克己自制的约束行为让奴隶们尝到了一点可以自行决定做或不做某事的滋味。实际上，这成了唯一一种奴隶可以自己完成的事。一个奴隶是没有什么选择空间的：他要么什么都不意欲，完完全全地听凭其主人控制，要么只有通过持续的自我否定来启动并贯彻自己的意志。他面前只有两个选择：不作为——这会最终导致他的毁灭；做出于自己的意志却是自我否定的行动——这只会加快他毁灭的进程。尼采认为，人类会选哪个简直再明显不过了：他们宁愿自我毁灭，也不愿陷入毫无意欲的、全然被动的境地。

　　山间的空气纯净稀薄，地面冰冷而坚硬，当人独自在这种地方住久了，就会倾向于让自己也变得和周围的环境一样完美：纯粹、清瘦、寒冷、锐利。而这种完美主义倾向——以群山的宏大气象为标准来衡量自身，会使他难以适应回到低地上人群之中的生活。这也会加强禁欲主义理想。

　　上次造访瑞士时，给我留下的印记并不只有耳朵上的那道伤痕。我还从那里带回了某种我很少会谈起的、介于隐疾和性格气质之间的东西。这和我往科尔瓦奇峰的裂谷下面扔石头的那个故事很像，因此我通常只是对其避而不谈。但实情是：在我作为一个青少年在尼采之家背后的山中徒步的那段时间里，我对禁食的热爱甚至超过了登山。实际上，我发现两者并没有那么不同，都是在试图向不可能的极端绝境发起冲击。但禁食甚至不需要离开家就能做到。

我最终结束第一次锡尔斯-马利亚之行回家的时候，母亲到费城机场去接我，一看见我就哭了出来。我小时候是个肥胖的孩子，进入青春期后变得结实而消瘦，但这个时候我已形销骨立，瘦得不成样子。"我掉了些体重。"我向她承认道。在9个星期里轻了22磅。是的，这是可能的。直到今天，每次母亲拥抱我的时候，我都能感觉到她纤细的手臂在摸索着度量我的身体——以确定我不在她身边的时候没有变得更消瘦。在过去的50年里，大众心理学得出结论，严重厌食症应该被解释为人对自己缺乏控制力这一状况所做出的回应。它归根结底不是关于腰围、体脂率，或想要变得性感时尚的欲望，而是关于自我控制。直到现在，人们仍然误以为男性不会受到这种困扰，但实际上罹患厌食症的男性远比你想象的要多。有一种极端禁食是超越了对外表美的虚荣追求的，它是一种考验、试炼、对意志的行使。而意志一旦以这种方式得到行使，它便无法轻易再沉寂下去。禁食一旦开始就很难停下来。我相信，就像在其他所有真正的强迫行为中那样，你只要曾经被它吸引过，它对你的吸引力就永远不会消失。而我最初体验到这种吸引力是在锡尔斯-马利亚上方的山中。

禁食和徒步一样，都可以在过于混乱或过于压抑（或两者兼而有之）的生活中，为人们提供一个出口，使他们得以尝试着逃离这两种使人感到无力的极端境况。"吃，还是不吃？"是当代生活中为数不多的几个其答案仍然主要由我们自行决定的问题之一。你想吃一个（或六个）甜甜圈吗？还是米糕？还是花椰菜？还是一碗稀燕麦粥？还是什么都不要？你靠何种食物来维持自己的生存，全由你自己一人做主。我们常听说某人的禁食计划"被打破了"，但就我的经验而言，这么说是不准确的。禁食并不是一种可以直接被外力影响的活动——它的实行和终止都只能是出于本人意志的自愿行为。所有这些描述，都似乎为一种心理机能障碍增添了几分英雄主义色彩，而在很长一段时间里，我也认为事实的确就是如此。

为什么要禁食？现代社会善于用许多巧妙的方式来诱导我们的意志去做某些事情，并构建出种种言之成理的叙述来让我们相信这些事情的确是有意义的。但到了19世纪，尼采即将成年的时候，这些宏大的叙述开始渐渐显露出它们虚假的一面。也许，将自己的一生奉献于家庭，或教会，或国家，或任何诸如此类的组织或习俗，都只是在白费功夫。或者，说得更具体尖锐一点，是对自由意志和经验的浪费。现代生活的例行公事令人感到如此刻板和乏味，以至于尼采和其他一些欧洲思想家开始质疑自由意志是否真的存在，以及作为对周围境况的反应，他们会去追求某些极端的，有时甚至是轻率的体验，以打破单调乏味的状态。禁食就是其中的一种。这类行为大多以"医学必要性"的言辞作为掩护，人们假装自己采取某些激进措施只是为了维持身心的健康。但包括年轻的尼采在内的几位作者直接看穿了这套虚假的"健康"说辞，察觉到此类行为背后更为重要的内核：自我主宰（self-mastery）。

我知道这一切听上去很疯狂，但一个尼采主义者完全能明白我在说什么。禁食这类自我堕落的实践只会出现于物质丰裕富足的时代——尼采写道："在这期间，存在一种瑟缩着弯下腰矮化自己的冲动，但它同时也是一种想要净化自我、使自己变得更敏锐的冲动。"他与进食问题搏斗了大半生——就像普罗透斯与墨涅拉俄斯搏斗那样紧紧抓住对方，无法分开。"怎样才能做回我胃肠的主人啊！"中年的尼采曾经这样悲叹过。他尝试了各种方法来重新掌控自己的胃：先是严格素食了一段时间，接下来实验了全肉食谱，然后又连续好几天不吃东西。尼采声称自己对食物和思想之间的关联感兴趣，并相信思考与进食行为紧密相关。我确信这是他这样做的一部分原因，但绝不是全部。

在禁食行为漫长而复杂的历史中，表现为自我剥夺形式的自我控制，为精神超越铺平了道路。至少在理论上，禁食的目的是将人的意志引导到更高或更深处。在1923年，一场关于尼采的《查拉图斯特拉如是说》的研讨会上，卡尔·荣格解释道："用有形的物质将自己填满，会让他的身体变沉重……他就飞不起来了，会被困在地面上。"在我与尼采近距离接触的第一个夏天里，我短暂地体会到了荣格的这些话。我不再感觉到饥饿：所有渴望，不满足、疲倦的感觉都和我的身体一起慢慢溜走了。我不再想要睡觉、进食，甚至不再想阅读了。我只想行走。当时我的健康已经差到极点，但自己却全无察觉。这种类型的自我剥夺使我第一次体会到上瘾的滋味，而且这么多年过去了，我记起它的时候还是感到亲切。实际上，自那个夏天的山居经历之后，我就从来没有像那样体验过进食或饥饿了。

当然，所有的痴迷都有其不利之处。长时间的禁食会消耗你的大部分生命力，让你无暇顾及其他。它会成为你最霸道的伴侣，你醒着的每一刻都必须致力于满足它。当我结束这次寻访尼采之行回到大学里之后，立刻加入了轻量级划艇队——因为我觉得，这么做可以为一次由"哲学–类宗教"实验激发的严重进食障碍提供可被社会接受的表面理由。划艇也是一种极其尼采式的活动：通过重复、灵活、速度——以及最重要的力量做出自我表达。我热爱这项活动中蕴含的完美主义，但最终还是因为在划船机上练习时折断了一根肋骨而退出了校队，同时意识到自己真的不喜欢和其他人一起划船。我的队友们并没有足够认真地将自己的体重控制在轻量级的限度之内。我寻求同伴，但他们在许多层面上都只是在拖累我。我在社交和恋爱生活中也持有同样的态度。在这段时间里认识我的熟人都说，我当时是个令人无法容忍的难相处的角色。而这只是那些还没和我绝交的人的说法。

在贝卡出生前 6 个月，我开始服用抗抑郁药西酞普兰。服药并没有"治愈"我，但它让"活着"这件事变得不那么尖锐和棱角分明了，于是它就不会像以前那样持续地、深深地刺伤我。我的用药剂量很小——每次仅仅 30 毫克，吃过之后，我便发现自己仍然可以大笑、做爱和感到悲伤。这有点像每天早上喝一杯咖啡，它让我感觉更像我自己。同时我也不再执着于遵行禁欲制度了。只需坚持每天吃片药，直到贝卡长大成人，届时我就停止服药。大概就是在那段时间里，我在《纽约客》上读到

乔纳森·莱瑟姆关于停服西酞普兰的一篇虚构作品，他的描述让我对离开这些粉色药片所可能带来的危险有了一个清晰的概念：晕眩、恶心、自杀意念、清醒梦（lucid dreaming）。然而，在我们踏上阿尔卑斯山之旅之前几天，我要么就只是方便地假定自己没事而忘记了按时吃药，要么就是（更有可能的情况）蓄意破坏了自己的服药计划。我打算回家后就继续。归根结底，我只需要这一点点剂量就行，而且现在我的状态已经比之前好多了。而且，当我第一次与尼采同行时，并没有吃过任何药。

当我还是个 19 岁的学生时，我的老师，那位在一切关于尼采的事物上为我充当向导的丹·康威，向我解释了禁欲理想无处不在的强大力量。禁欲理想是西方文明最主要的动力之一，人们对其做出的抵抗往往是徒劳的。当时，我持一种怀疑的，或者更多地是一种充满希望的态度：肯定有人能凭着足够强大的意志，超越禁欲主义自我否定的规则。丹只是摇摇头，并安排我去了巴塞尔。

他是对的：禁欲主义在人类价值领域中是一股持续而强大的力量，它可以迅速将那些更肯定生命的、可能对它构成威胁的理想侵占，反为它自己所用。它极为善于长久地忍受，极有耐心，因此可以比它的任何竞争者都更持久。时间和人类本性也都站在禁欲理想一边：就像叔本华曾提出的那样，我们人类在根本上是受苦的生物，当这个洞见最终被广为接受之后，禁欲理想就站在我们受苦的门口向我们招手了。在《论道德的谱系》中，尼采写道："人，最勇敢和最惯于受苦的动物，在自己这里并不否认受苦：他想要它，甚至探求它，但前提是，人们向他指明了，这里有一个意义，受苦就是为了这个……而禁欲理想给人提供了意义！"

肚子空空地在山路上行走了 4 个小时后，我的两腿像火烧般疼痛，意识也渐渐散乱了。眩晕感来得比预料中强烈得多。我告诉自己必须坚持走到巨石那里，在那儿就可以休息。至多只需要再走两个小时就好了，届时我一定会再度体验到年轻时经历过的那种至高或至深的狂喜之感。说到底，哲学家们都是一边行走一边思考的。亚里士多德于公元前 322 年死去之后，他的许多学生创立了"漫步学派"（Peripatetic school，或译"逍遥学派"），由一群四处走动着授课的讲师组成，学派的名字来源于希腊语"peripatetikos"，即"行走"。古代印度和尼泊尔的圣哲雨季时会待在家里，但待雨季结束，他们也开始四处走动着思考和传授智慧。佛陀、耶稣、奥古斯丁、卢梭、华兹华斯、柯尔律治、爱默生、梭罗、詹姆斯、兰波——他们以及其他许多人全都热爱行走。伟大的漫步者、思想家梭罗曾写道："我觉得我的双腿一开始移动，思想就随即奔涌而出。"20 世纪分析哲学家路德维希·维特根斯坦经常在傍晚拜访他的合作者兼友人伯特兰·罗素，并在罗素的公寓地板上来来回回地一连走上几个小时。夜色渐深时，他就会告诉罗素自己计划在双脚停下来不动的时候自杀。于是罗素就会劝他留下来，继续行走——继续活着。

还有《朝圣者之路》，俄罗斯最著名的徒步旅行故事。它首版于 1884 年，同年尼采完成了《查拉图斯特拉如是说》第二部的写作。它讲述的是一个沿路乞讨的朝圣者的故事，他徒步

攀登尼采

旅行的目的是见上帝，而非意在获得某个特定的哲学洞见。这本书是一部教人如何一刻不停地祈祷的操作手册。对于书中的徒步者来说，上帝并没有死。这个无名旅人每天先是诵念《耶稣祷文》2000遍，再念6000遍，再念更多。"主耶稣基督，神的儿子，求你垂怜我这个罪人。"但他的祈祷被视为特异之处，也就是令他的故事中一切变得非常奇特的那一点，则是他将诵念这句短短的祷文与行走和呼吸绑定了起来。普通人每天平均会走1万步，但如果你将一整天都用来行走的话，可以走4万或5万步。当他的重复到了某个点之后，朝圣者就变成了祷文，或祷文变成了朝圣者。他所敬拜的——某种遥远的、不属于这个世界的东西——以某种方式来到了这个行走中的人面前。我最初是在大学里读到这个故事的，并马上被它深深吸引了，当时我还没有踏上第一次锡尔斯-马利亚之旅。我无视了前言中关于这种极端的禁欲行为可能会招致某种被教父们（church fathers）称作"灵性欺诈"（prelest）之歧途的警告，"prelest"这个词的字面意思是"偏离正道"，指一种幻梦般的心灵状态，它诱导人把妄想错误地阐释为救赎。

行走很可能是最有助于维持生命和振奋精神的人类活动之一，但系于禁欲理想上的奴隶道德，最后甚至可以将行走也用作达到其毁灭性目的的手段。《朝圣者之路》或许讲述了这个人踏上一场伟大的徒步之旅，并借此找到上帝的故事，但它也完全可能只是一个虚假浮夸的寓言，在其中基督教禁欲者无缘无故地让自己的双脚徒然经受无数伤害。朝圣者是犹太-基督宗教式奴隶道德中的英雄，他们会刻意选择在痛苦的境况中行走成百上千英里的路程，条件越艰苦越好。这种磨难意在净化人，尽管事实上它很可能让你脚上起污秽的水泡，伤口感染发炎，脚趾生坏疽，留下永远无法愈合如初的疤痕。在 11 世纪，有12000 名这样的苦行朝圣者从德国出发，前往他们的"应许之地"耶路撒冷。最终成功到达的人有多少就不得而知了。我只能想象他们中许多人最后的日子都过得悲惨可怖，为了一个甚至还要索求更伟大形式的痛苦的理想。虽然我知道，朝圣者可以从他们自己得以决定如何受苦一事中得到些许快慰，但这种快慰经常是微不足道的。

　　时间来到了下午，我缓慢地，太过缓慢地来到了高地上。四周的风景定然是绝美的，但我当时已经完全注意不到了。为什么这次我回到山中感觉自己像要死了一样？我只能注意到两件事：腹中啃噬般的饥饿蔓延开来，连带着胸腔和大腿根都在颤抖；左膝处的旧伤咔咔作响，那是我高中时某次犯蠢，从一辆正以 20 英里 / 小时的速度行驶的大众旅行车顶上掉下来摔的。已经能看见菲克斯上方的冰川了。我试图将注意力集中在我的目的地上，拼命想着要是能在当年我第一次来到山谷时给过我部分庇护的那块花岗岩下面蜷起身子，该有多舒服。但膝盖的疼痛不允许我沉浸于想象。它时刻提醒着我，存在这样一种可能性，即这次旅程中我经受的一切苦难其实都毫无意义。

　　每个朝圣者都在寻访一处圣所。对于基督教朝圣者来说，他们的圣所就是圣人们的埋骨之地——圣彼得和圣保罗在意大利的墓穴，或耶稣在耶路撒冷的空墓——神圣人物安息的地方。这些徒步者身上有种无可置疑的，既令人喜爱又病态的东西。在离开他们原来的家之前，朝圣者们会预先写下遗嘱，以确保他们身后还能留下一些什么。他们会脱下鞋子赤足而行，这不是因为他们像奥古斯都那样有着半神的双脚，反而恰恰是因为他们是会受伤疼痛的凡人——也就是说，因为他们想要遭受作为凡人的痛楚。然后他们就出发了。他们在家中的生活无疑充满艰辛和苦难（11世纪人的生活总体上说可以用"难以忍受"来形容），所以他们就决意自己去掌控痛苦，主动以一种特别的方式去担负它。

尼采觉得，这种主动受苦的意愿中有英雄主义的成分在，但他怀疑整个故事在基督教牧师的口中变味了。他们没有选择做出朴素而诚实的解释——长途行走在某种意义上是一种主动担负苦难的形式——而是给朝圣者们讲了一个关于堕落和复原的故事。许多朝圣者的确是罪犯不假，比方说他们中有些人是被宗教审判所定罪，并被判处长途跋涉（自我放逐）的，所犯罪行从杀死自己的父亲到偷窃一条面包不等。但牧师在将朝圣行为合理化的方向上又进了一步：他们说每个徒步者都是一个罪人，一个逃犯，只有在借由痛苦净化自己身上的罪孽之后才能被宽恕。当然，也有许多朝圣者寻访圣所是为了治愈自己或自己所爱者身上的病痛，但本质上还是同一个故事。人类是生病的或有罪的，或者两者皆是，因此需要通过长满水泡的双脚和残破的膝盖来让自己得救。直至今日，这种信念仍然是禁欲理想袒露在世人面前的支柱。

几天前，卡罗尔曾提议她可以和我一起走这段山路，但至少早上刚上路那会儿，我还是挺高兴自己是一个人来的。现在这种高兴已经消失了。我看见山谷的东南侧有一堆凌乱地散落着的花岗岩，岩石均呈几何形状，看上去像是某个古代神庙的遗迹。然而又走了20分钟后，这种印象就变成了另一种印象。如果这里曾经是座神庙的话，那它可能是全世界最大的神庙了。这个石头堆绵延了足有半英里。在这个高高的平台上面，想要定位某一块特定的石头是不可能的，如果没有一道小型瀑布做地标的话——我猜测这道瀑布自我上次离开这里之后又变深了些。它就在那里，不疾不徐地奔流着，向每个旅人指出，在它造的那条小溪流边上藏着一块斜倚在岩壁上的石板。即使在年轻的时候，我就已经注意到了"泉源"与"重生"这组基督教意象，同时也注意到了其中的反讽意味：尼采恰恰是在这个地方开始他对禁欲理想的批判的。

那块岩石呈菱形，有10英尺长、2英尺厚，被切割成了近似于美国缅因州的形状。它为什么会出现在这里，为什么会戳在地面上像个从岩壁上延伸出去的披棚一般，将永远是个谜，但直觉告诉我它是从很高的地方掉落并滑下来的。为了到达这个地方，我已经在路上走了7个小时。此时我本该感到极为庆幸和感激的。那些最好的朝圣故事的结局处，定然会有畅快喜悦的泪水奔涌而出：旅人终于到达了圣所，有个僧侣在门前迎接他，濯洗他溃烂生疮的双脚。在这个奇妙的时刻，卑微的追寻者与他神圣的目的地合而为一。但又有多少朝圣者在到达圣所后崩溃了，有多少绝望地痛哭了，当他们发觉自己寻觅了这么久的圣所其实只是一座坟墓而已？我们通常不会听到他们的故事，但或许我们应该去听一听。

我爬到那块岩石下面，把背包也拖了进来，在正午时分躺下歇息。这里幽暗、凉爽，还让人觉得挺愉快，但我并没有什么超验的或是振奋的感觉。我只想回去。不是回林居，而是回到更久远的地方：回到一个这些念头还不存在的时候。那个失意的朝圣者，苦苦寻觅却一无所得的人，有谁会讲述他的故事？又有谁会去告诉人们，某些朝圣之旅，只是对生活中所有那些丑陋的徒劳无功的拙劣模仿？我确信，这样的故事比我们愿意去想象的要多得多。我躺下来，把头枕在背包上，骨盆硌在坚硬的地面上有些疼。

我起来的时候，正好到了"魔法时刻"——傍晚暮色即将降临之前的那一刻，在这个时候，即使是最惨淡卑微的景色也像是被从内到外的光照亮了一样。我的臀部一阵阵疼痛，但从高地上吹下了凉爽的晚风，轻轻抚摸着我的面颊和耳朵。

我是带着一个念头醒来的——现在，我知道了我的目标：家。

对于那些著名的朝圣者来说，安宁只能在某个遥远的圣所寻得。只有摒弃其他一切，沿着艰苦的道路前行才能接近神，从而获得同宇宙的和解。但或许那些失败的朝圣者也能得到些许救赎。在发现了痛苦终究只是痛苦，发现了坟墓其实空空荡荡，发现了人类存在的肮脏污秽并不会因为僧侣给你洗一次脚就神奇地消失之后，还是有一些沮丧的朝圣者可以回到家中。也许这就是救赎。或许失败的朝圣者所要的只是一点点温柔，能让他直接而简单明了地感觉到世界并不是彻底全无希望。

在许多方面，朝圣之旅的后半部分——回到社会中的这段路途，都要比前半部分困难得多。身体的疲劳感无疑更强烈，而且在旅程开始时受的伤也尚未痊愈。我们都知道亚伯拉罕将儿子以撒带到摩利亚山顶，打算将他献祭给上帝的故事。这很难，但想象一下，你下山往家里走，身边仍然走着以撒——那个你刚刚意欲杀掉的男孩，这段路又该有多难呢？如果一个人背负了这所有的罪恶感、伤痛和失望，却还能回到家里的话，那么或许他的"家"本身，他旅程最初的起点，也在此过程中被改变了。或许，失去的一切也还是有可能双倍得回来的，就像《圣经》里的约伯那样。有多少失败的朝圣者，在回归日常生活后获得了成功呢？当然，这些就不是基督教敬拜所关心的了，但或许它是更好的，甚至可能是最好的东西：真相。或许朝圣者的真正胜利，并不在于他忍受艰辛磨难的时候，而是在于那个罕有的、他们回到家中并学会去接纳温柔的时刻。我坐在我的岩石下，听到自己发出奇异的仿佛不属于这个世界的轻笑，我到现在也不知道这笑声是怎么一回事。然后我站了起来。

我离开我的朝圣之地，朝家人所在的方向走去，回到贝卡充满爱意地称作"软软"（softing）的活动处。体验"软软"不需要专门去任何地方。它通常用到的是手背，或者也可以用鼻子，如果你是贝卡的话。这是一种最最轻柔的抚摸。你不能隔空远程进行"软软"。这种活动经常清晨或深夜在床上举行，几乎每天都要来一次，而且最好是所有家庭成员都在的时候。你可以自发地伸手去"软软"其他人，也可以请求别人"软软"一下自己，这种请求一向会被批准。在"软软"的时候，我们不仅允许，并且期待会有一阵阵控制不住的笑声，它是磨难的对立面。这些，才是爱的真正条件。

颓废与厌恶

本能地选择不利于自己的东西……这几乎就是颓废的公式。

——弗里德里希·尼采，《偶像的黄昏》，1888

对于一个尼采这种体质的人来说，精神的欣悦振奋是个可疑的迹象——是狂风暴雨之前的好天气。在经历了1887年与病痛和禁欲理想的搏斗，并得出结论说两者都紧紧抓住他不放之后，他似乎又突然挣脱它们的束缚，重新找回了自己。1887年的春天令他分外难过。他去了尼斯，这是个巨大的错误。这座海滨城市明亮的灯光和人声喧嚷让他烦躁得要发疯，于是他决定下一年离开锡尔斯－马利亚的那段时间去都灵度过。都灵这座城市，终于让他尝到了得到回馈的爱是什么滋味。

都灵恰好能够满足尼采身体健康方面的需求。在这里，从黎明到黄昏，总是有温煦的日光投下长长的影子。清晨时你可以沿着用鹅卵石铺就的狭窄街巷徒步穿越整个城市，也不会遇到其他行人。这些长得似乎没有尽头的石子路连接着一个个宽敞的大广场，每个广场上洒落的阳光和人群的比例似乎都恰到好处。这里没有仓促和忙乱，一切都顺其自然，而无须遵循任何时刻表。抬头就能望见阿尔卑斯山的都灵人按照自然的节律生活和工作，从不逆自然而动。1888年4月，尼采在信中写道："都灵是个重大发现，我亲爱的朋友……我在这边心情愉悦，一直在不间断地工作。我吃得像半神一样好，也睡得着了……都是空气的功劳，它干爽、让人快乐并充满力量。"他过去一直习惯了，甚至可以说刻意选择了在锡尔斯-马利亚这个毫不起眼的小村子生活，但都灵却是"第一个赋予了我可能性的地方！"——用他自己的话说。人们一般会认为"可能性"是一种单独存在的事物，是一个特定的、可能被实现的机会。但正如尼采在都灵所发现的，"可能性"有时意味着远比这更多的东西。

到了5月，尼采的情绪状态变得更加昂扬了："天气晴好的日子里，一阵迷人而轻盈的微风吹过，会让那些最沉重的思绪也展翅欲飞。"此时已上了年纪的他，在都灵感受到了宏大的、铺张恣意的"可能性"。就连重力都不再像过去那样将他牢牢抓在地面上了，可能是有生以来第一次，他开始从他自己时代的音乐中得到乐趣。这不是瓦格纳的音乐——瓦格纳对尼采来说属于过去。在这个时候最吸引他的音乐，是贝多芬的《第九交响曲》，以及最重要的《卡门》。我之前从来都不理解《卡门》为什么会有这样的吸引力。在我刚满20岁的时候，我以为其原因不在于歌剧的情节，而主要在于作曲家本人（和尼采一样，比才的声名也是在他死后多年才确立的）。但现在我快40岁了，开始理解了尼采对它的歌词和音乐的欣赏。

《卡门》的调子是明快的，但它所演绎的却是一个绝对阴郁的主题：注定不幸的爱情的可怕命运。卡门先是引诱唐何塞，

颓废与厌恶

继而又对他不屑一顾，最终毁灭了他；而因爱生恨的唐何塞将她刺死了。这可不是展现耶稣受苦、死去，并且即将复活升天的"受难剧"（Passion Play），而是一部充满激情（passionate）、华丽恣肆的剧目，讲述关于普通人如何杀死彼此的故事。《卡门》与《指环》四部曲可能共享某些要素（谋杀和情欲），但比才的风格却与瓦格纳全然不同。《卡门》充满了感官刺激，这迥异于欧洲大部分地区风行的禁欲主义。在比才华美的乐句中没有自我克制，没有事后的揣测和犹疑，也没有超然的伪装，它们只是欢腾地横冲直撞着奔向终点。尼采认为，这部歌剧对社会文化中一种特别的疾患具有疗愈作用，他称这种疾患为"颓废"。

　　这个术语直到 1888 年才第一次在尼采的作品中出现，但在 1883 年，也就是瓦格纳死去的那年，他曾用过一个与之紧密相关的词"Entartung"，意为"衰退"。尽管"颓废"概念在他的晚期作品中扮演着中心角色，但尼采从未细致地讨论过它本身。颓废一直存在，永远存在，但就像其他许多无处不在的影响一样，它也没有一个清晰的定义。人们很容易认为尼采是颓废的坚定反对者，但人们也很容易犯错。1888 年，随着自己健康状况的好转，尼采开始思考这个困扰着西方现代世界所有人的精神病症——而其中病得最重的就是他自己。当你自身正为之所苦的时候，去估量一种疾病的严重程度是不可能的；只有当你暂时抽身到命运之外时，你才能正确地衡量此种严重病症究竟造成了多大影响。在都灵，尼采终于发现"没有哪个问题比颓废更吸引我的全部注意力了"。这并不只是他在作为一个思想家说话，称自己终于意识到自己的哲学都关于某个未曾明言的主题；而更多地是他在作为一个人坦白，承认自己终于发现了自己的整个生活都建立在何种精神气质之上。

尼采自己就是一个颓废者，一个由他所在的时代与其中的大资产阶级文化共同塑造的产物。他童年时受到母亲的呵护，刚成年时被妹妹悉心照料，之后则又有众多女保护者来接手照顾他的任务。他从来没有工作过——至少没有做过任何繁重辛苦的工作，而且在成年后的大部分时间里，他都靠学术年金和有钱的朋友的接济生活。尽管他待在这里时，尼采之家还只是个兼营杂货铺的小旅社，但也能住得足够舒服了。他是个懂得很多种语言的文人学者，一个可以真正懂得英国哲学家托马斯·霍布斯的名言"闲暇是哲学之母"的人。的确，他的生活中有许多艰辛之处，但这些艰辛经常是他自己主动寻求的那种。在写给他的朋友兼照料者玛尔维达·冯·梅森堡的信中，他提到了颓废是如何与自己密不可分的："在颓废的问题上，我是这个世界的最高权威。"

颓废的饮食、颓废的建筑门面、颓废的家居装饰、颓废的音乐——从表面上看，这些都是巨大财富的标志。但尼采相信，在这些奢华之下掩藏着疾病和衰朽。欲求一顿前前后后需要吃上几个小时的大餐是堕落的症候，这说明此人已经很难吃下正常的食物了。只有当建筑本身的支撑性框架丑陋时，才需要漂亮的门面来掩饰。俗丽夸张的装饰物常常是为了掩盖比例不协调的家具，而且是为过于敏感的背脊而设。浮夸而甜腻的颓废音乐则是为那些听力不济的耳朵写的。颓废源于虚弱，它起初是为了掩盖一种濒临自我毁灭的弱点而存在的，而因为这种掩饰，使得堕落腐朽之物得以潜滋暗长，向外扩散，这反过来又加速了衰退的进程。它是生命最后的一个做得过火的华丽手势，是死亡的先兆。

1888 年，尼采曾试图与世纪末（the fin de siècle）的无缘无故的衰退达成和解，同时也试图在更为个人的层面上，与生活在这一时期的诸多个体的衰朽达成和解。他并不是第一个这样做的人。陀思妥耶夫斯基出版于 1864 年的《地下室手记》以其叙述者惊人的自我坦白开篇，如果尼采要描述他自己身上的颓废的话，可能也会使用类似的词句："我是个病人。我是个充满怨恨的人。我是个不讨人喜欢的人。我觉得我的肝脏有病。但是我一点都不了解我的病情，甚至也不知道究竟是什么在折磨着我。"与陀思妥耶夫斯基笔下这个人物一样，尼采也熟知衰朽的感觉。对于一个颓废的生命来说，并没有"外在"的视角可言，他无法换到一个视野更清晰的观察者的位置上去诊断自己身上的病症，或见证自己的死亡。但他当然还是可以试一试。在他一生中最后的这个高产时期里，尼采就是在做这样的尝试。住在都灵的最后一年里，他以将死之人的劲头疯狂创作，写出了五部作品：《瓦格纳事件》《偶像的黄昏》《敌基督者》《瞧，这个人》和《尼采反瓦格纳》。在某种意义上，这五本书都是自传性的，放在一起，它们共同代表了一位医生–哲学家尝试把握住他自己的努力。它们的本质是时间。

尼采的病症起始于何处？对他来说，直面颓废的问题，就意味着再次面对那个被他认为是头号堕落者的人——他的"父亲"理查德·瓦格纳。这位哲学家成长岁月中的许多年里，都处于瓦格纳的控制之下，瓦格纳扮演了他从未有过的父亲的角色。在他自己的生命走向尽头时，尼采想要清算瓦格纳的影响，这位父亲究竟传给了他的儿子什么——给他留下了遗产，还是让他感染了病症？与瓦格纳决裂十年之后，尼采终于开始尝试解释他们的关系。在1888年回顾这件事时，他写道："实际上，那时（指1876年）与他分道扬镳再合适不过了；关于这一点我很快就有了证据。理查德·瓦格纳表面上看是最扬扬得意的胜利者，实际上却成了一个衰朽且陷入绝境的颓废者，突然地落进了无助又颠倒错乱的境地……"然而，他已经将颓废的病菌传染给了他的后人。

在菲克斯山谷的那块岩石下度过一天后，我回到林居，一半是惊奇、一半是欣慰地发现卡罗尔和贝卡还在原处。她们温柔地迎接我，让我悬着的心落了地。之后我又休养了几天，尽情享受颓废世界里的各种便利设施。

我的父亲杨一定会喜欢锡尔斯林居的世界，特别是它装满了精美著作的图书室，这些书给我一种感觉，它们摆在那里似乎是供人观赏而不一定要阅读的。他喜爱这种地方：华美的房间，里面充满着各种高雅文化的标志物。书中的哲学和文学本身是无关紧要的，对于他来说，这些书看上去显得高雅就够了。图书室里有托马斯·曼、黑塞和荣格作品的初版，其间夹杂了一些华丽的茶几休闲读物，介绍本地风光，和那些曾为这风光着迷的画家。所有书都被盖在玻璃罩子下面，但并没有上锁。

在那次艰难的独自远足结束的几天后，我试着推了推图书室的玻璃门，门一下就开了。在这种图书室里你可以读书，但不能读得太快，也不能做那种仅为摘录某条特定信息的阅读。在这样的房间里读书是个微妙而复杂的挑战：你自己需要成为周围整个装饰布局的装饰和点缀，需要让旁观者看见你在以正确的方式品读正确的书，并且你很享受在公众场合读书这件事。这和公众场合独自进餐不无相似之处——后者是尼采一向的习惯。你会产生强烈的"被观看"的自我意识。图书室的一角，就在林居里似乎无处不在的、装点着每一面墙的橡木装饰板前，挂着一个毫无特点的相框，相框中间是一幅尼采 40 岁时的黑白肖像照片。不知何故，圣像的捣毁者竟被变成了一个彰显品位的装饰品，或者更惊人地，变成了新的圣像。

我放下手中的书——西奥多·阿多诺的《启蒙辩证法》，抬起头，深深地凝视了墙上的这幅肖像好一会儿。这是尼采很有名的一张照片的复制品：陷入沉思的哲学家，目光直射向远方。他看上去无懈可击，修剪过的小胡子梳得一丝不苟，发型也被精心整理过，目光炯炯有神。这张照片显然是摆拍的。

大多数圣像都是某位圣徒，或基督，或圣母马利亚的肖像，他们正面朝向观看者并与之四目相对。尼采却不是这样。这幅圣像是一幅侧影，无意与任何人发生眼神交流。只有一部分的他在那里——他的另外半边脸被永远地掩盖了起来，只对世界的另一面可见。我徒劳地尝试吸引他的注意力几分钟后放弃了，起身漫步走向林居的大厅：我约了人在那里见面。

　　走廊两侧放置着雅致的陈列柜，里面装满了过去的一个多世纪里曾来访本地的登山者的照片。这些身材健美、装束利落的人，在陡峭的悬崖边和狭窄的山路上摆出各种造型，我猜测他们一定把家人留在了山下的村子里。尼采写道："个体始终在努力避免自己被群体所吞没。如果你尝试保持独立，你会常常孤独，有时还会害怕。"这些人似乎一点都不害怕。他们或许感到吃力，或许在渴望更高的高峰，但他们绝不害怕。他们很高兴能远离人群。尼采解释道："如果能完全拥有自我，付出多大的代价都不算过分。"这些照片又小又不清晰，于是每个登山者看上去都和我的父亲一模一样。有时我会忘记他是谁，长什么样子，但接下来我就会在周围各处看见他的影子。

　　许多现代旅馆的大堂都试图身兼多个功能，但往往因为空间太小而搞得很失败。它经常同时扮演着住客休息区、入住登记处、商务会谈处、酒吧间、自助咖啡屋、儿童散步区等角色，还在柜台售卖牙膏，以及售卖外带比萨，供人打包拿到自己的房间食用。林居就没有这样的大堂，而是在门厅处设了个小房间，里面是门房的桌子，桌后有一整面墙的分成许多小格子的钥匙橱，每个小格子里放着两枚醒目的钥匙牌，对应一个客房。没人在这里坐下休息或是买牙膏，也没人会在这里提到付钱或账单的事情（前门处右转有一间单独的隔音很好的小房间专门用来谈这个）。这所旅馆的门厅只有两个目的：迎接和送别——它是个通向其他地方的门户，人们只会在这里驻足片刻，随即离开。它的空间足够大到可以让你意识到自己在从"过去"踏进"未来"，但做其他任何事情都不够大。我穿过了门厅，转眼间就又进入到旅馆的中心地带。

在林居，如果你想要坐下来喝杯咖啡、茶或其他饮料的话，在离入口不远的地方有一个专门的房间。这是个巨大的起居室，里面没有自助餐台，住客们也从不自己取食物或饮料。这个房间就是大堂。它完全就是我想象中起居室该有的样子，只是体量庞大得多了。30 英尺高的天花板上悬着 12 盏水晶吊灯，它们出现在别的什么地方都只会显得俗丽浮夸。地板虽然是木制的，但分外稳固平滑，简直像是混凝土或水磨石铺成的。地上铺满了各式各样的东方地毯，共有十几块，我一开始对此感到很疑惑。每块地毯都约有一个美国小家庭的客厅那么大。为什么他们不买一整块够大的地毯来铺呢？因为——用林居的"客栈老板"乌尔斯·金伯格的话说，他此刻正缓步朝我走来——要是一切都得讲实用，也挺可悲的。

我和金伯格握了握手，一起穿过整个大厅走到窗边，这时我开始察觉到这些地毯的妙处。它们制造了许多各自相对独立而又互相渗透的空间——实际上，这里存在着十几间不同的起居室，每间都放有一组沙发或椅子，可供四五个人休息。角落里有些地方被从大大的窗子上垂下来的帘布半遮住，那里藏着几块小块的地毯，上面只有一张双人情侣沙发，这是为了满足一些客人对更私密空间的需求。

"就坐这里怎么样？"金伯格指着面前的一组蓝色高背椅解释说，这些椅子的年纪和旅馆本身一样大。"我对旧的东西有种偏爱。"我们坐下来的时候他这样说道。一个修长瘦削、头发紧紧地束在脑后的侍者——称她为"服务员"似乎太不正式了——出现了，给我们点了单，消失了，又端着咖啡出现了。或许她长得挺好看，甚至她可能是个非常有魅力的女性，但她的制服——米黄色裤子、马甲、白衬衫，颈上系着领结，让人完全无法判断。可以确定的是，她的职责就是让我们的林居之行尽可能毫不费力。到我们离开的时候，她已经知道了我和卡罗尔的姓氏，知道了我们喜欢喝什么饮品，喜欢在咖啡里加哪些东西，住在哪个房间：入住林居的客人不应被不必要的问题和账单打扰。这就像住在大宅子里，并且雇了个管家一样。对金伯格来说，她就是他大宅子里的管家，而且他会在这里招待客人。

他一坐下就说，他不能和我聊太久。并不是他不想这么做，而是因为这样会对其他入住旅馆的人不公平。"客栈老板"的职责就是让他所有的客人都感到同样受欢迎，而这就要求他将自己的时间公平地分配给每一位顾客。他承认这纯粹是出于面子上的考虑，但在大厅里，这并非小事。例行寒暄过后，他直接谈到了我最感兴趣的话题——那些曾经以林居为家的哲人们。或许是因为看见了我手里的《启蒙辩证法》，或许他本来就有这个念头，总之金伯格身子前倾，在我耳边吐露了旅馆的一个秘密："阿多诺在这里总共住了 420 天。"

我并不感到特别惊讶。对于阿多诺来说，林居会在同等程度上激起强烈的喜爱和厌恶，而无论是哪种都足以使他深深迷上这个地方。西奥多·阿多诺是法兰克福学派的创始人之一，20 世纪欧洲首屈一指的社会评论家，并且自称是尼采在欧洲的哲学传人。阿多诺于 1903 年出生在法兰克福的一个富裕家庭，是葡萄酒商人和歌剧演员的儿子，因此他还很年轻的时候就熟知现代颓废的滋味。而且，随着年龄增长，他与尼采的关系变得愈发深而复杂了。

和尼采一样，阿多诺也是个博学的人，在音乐、哲学、社会学和心理学领域都有所建树，而他后来也正是使用这些学科来诊断和治疗西方文化的。1929 年在《存在的勇气》作者保罗·蒂利希的指导下获得博士学位之后，阿多诺开始接续尼采在《偶像的黄昏》中未竟的理论事业，尝试去回答一系列非常困难的问题：在一个似乎执着于毁灭它自己的时代里，人类存在还有哪些可能性？是什么削弱了人类存在的力量，为它限定了边界？是什么推动了颓废的进程？一种文化或一个人该如何克服几乎已经注定要降临的衰退？阿多诺曾在林居探索这些问题的答案。

在法兰克福学派内部，阿多诺和马克思·霍克海默、瓦尔特·本雅明、赫伯特·马尔库塞一起倡导了一个后来被称作"批判理论"的运动。这是一场新马克思主义运动，至少在最开始的时候是这样的。它认为文化本身可以，也正在被用作一种压迫性力量。可能这听上去有点牵强：文化—娱乐、消费主义、文学艺术不像是那种能够囚禁一个民族的东西。然而阿多诺辩称，正是这种直觉的念头，让我们放松了戒备。流行文化形塑了一个民族的偏好，为人类活动和人类欲望划定了范围。消费文化或许给了我们大量的选项，或许给了我们似乎可以自由选择的错觉，但这种自由实际上少得可怜，如果每个人面前都只有完全相同的、受限的选项的话。根据《启蒙辩证法》的另一位作者霍克海默的说法，批判理论的宗旨，是将人从各种巧妙而不易察觉地奴役着他们的力量中解放出来。在我读研究生的那些年里，我从来都没弄明白该怎么去做到这一点。但林居让我产生了一点想法。

继尼采之后，批判理论家们攻击每种形态的大众文化。他们反对将"优美"和"崇高"商品化，抨击对差异和个人品味的抹杀。像尼采一样，阿多诺对羊群心态（herd mentality）既深恶痛绝又着迷。许多心理学家认为这种心态来自人类天性中的社交本能，但阿多诺不同意这种看法，他坚称这是一场由某个祭司式的大师精心策划的宏大剧目（他的青少年时代在纳粹统治下的德国度过，而且他反对一切形式的法西斯主义）。在任何时刻，羊群中的羊都可以主动选择脱离这场剧目，但"文化"的舞台效果与资本主义带来的强制性需求加在一起，让这出剧目产生了不可抗拒的吸引力。然而，阿多诺还是在1951年写道："如果他们能停下来理性地思考片刻，整场表演就将分崩离析，只留下他们还惊慌地站在戏台上。"

我的目光越过金伯格的肩膀，看向大堂整个优美的空间布置。这不是羊群待的地方。在之前的十分钟里我们一直在讨论在阿多诺晚期哲学的背景下，如何看待阿多诺与这个旅馆爱恨交织的复杂关系。近旁的一块地毯上，几个穿着考究的德国人正在分析巴赫《B小调弥撒》中微妙的细节。在这豪华休息厅的入口处，一对60多岁的夫妇用压低了但仍旧清晰可闻的声音讨论着荷尔德林的诗。从大众文化中抽身的一种方式，就是投向毫不掩饰的精英主义，拥抱高雅文化——它的门槛很高，但是没有压迫性。高雅文化深深吸引着阿多诺。他喜爱与才智出众的宾客同席享用那些每次上菜都间隔很久的漫长晚宴，喜爱与自然之美浑然一体的优雅，而他最喜爱的则是寂静。寂静是羊群最不能忍受的东西。一切不响，只能听到自己发出的声音，这会促使甚至是强迫人去思考。当阿多诺建议某个盲目的跟随潮流者"停下来理性地思考片刻"的时候，我只能猜想，他认为这需要在寂静的环境中发生。锡尔斯–马利亚还有些地方比这里更安静，比方说尼采度夏时居住的那间 10 英尺 × 12 英尺的卧室，但林居仍然有一种特别的令人愉悦的寂静之感。

我的时间快到了。金伯格还有其他客人要照顾。他起身时，大堂另一端恰好响起一阵音乐声，简直就像是安排好的一般。"阿多诺爱这间旅馆，"他一边转身要走一边重复道，"但他憎恨那东西。他鄙视那个三重奏。"林居的三重奏是个从旅馆最初开业之时就常设的乐团，而且我听说他们的成员虽然历经了几代，但曲目几乎没有变过。小提琴和贝斯的声音又高了些，完全盖过了低声说话的音量。在我（可能太大声地）道了谢后他就离开了。

音乐声打破了寂静，我这样想着，但它也并没有那么糟糕。乐团演奏的曲目从帕赫贝尔的《卡农》的一个变奏滑进了勃拉姆斯，之后又不知不觉地变成了莫扎特。这是毫无经验者也能欣赏的那种室内乐，所谓的"古典音乐名曲 40 首"：虽然有时稍嫌缠绵甜腻了一点，但还是挺能让人愉悦的。"天哪，阿多诺可真是个大势利鬼！"我想道。但就在这时，乐团开始演奏起电影配乐，而且一发不可收拾。我起身要走，但已经太晚了。

《安妮》[1]的序曲已经响了起来。贝卡肯定会喜欢这个。三重奏采用了一种高雅音乐的演奏风格，试图通过在乐句里额外加上几个小节，并且时不时地自由发挥一段来加以粉饰，但都无济于事。这曲子再明显不过了："明天"。尼采和阿多诺要是听到这里，一定抑制不住自己的厌恶之情。

我离开的时候，路过了闪闪发亮的维尔特−米农钢琴，它位于一个将大堂和餐室分开的蓝色房间里。它是一台很有来头的自动演奏钢琴——维尔特−米农公司在1905年生产出了他们的首批无键盘自动播放钢琴，它就是其中之一。实质上，这就是全世界最早的立体声音响。立在钢琴旁的柜子里装满了琴谱纸，这是一些打有齿孔的纸卷，得将它们插到钢琴里才能播放曲子。我往柜子里看了一眼，看到了"黄金时代"——阿多诺肯定也很痛恨这一首，每个晚上准时响起，无比单调地重复个没完。

这种"钢琴"以其富有前瞻性的技术，为真正的音乐鸣响了丧钟。在经过钢琴旁边的时候，有那么一刻我想起了瓦尔特·本雅明，他很可能是阿多诺最好的朋友，在1936年发表过《机械复制时代的艺术》。本雅明写的是电影，但其中的这个观点对于维尔特—米农钢琴播放的旋律也同样适用："即便是艺术作品最完美的复制品也缺少一种因素：它在时间和空间中的存在，它在它碰巧出现的地方独特存在。在它存在的时间里，艺术作品

1　Annie，1977年百老汇音乐剧，或根据该音乐剧改编的1982年儿童歌舞电影。——译者注

自始至终属于历史，而它这种独特存在又决定了它在整个存在时期的历史。"存在（Presence）——这就是林居所许诺的——用金伯格的话说，是那种"空间的奢侈"。存在意味着有某个具体、特定的位置和时间，只有在那个位置和时间人们才可以做成某些或许是重要的或独特的事情。但即使在这里，存在也是不可能的。尼采终生都在寻找"事物的独特存在"，但一无所获。只有重复、共谋和挫败。

晚餐时间快到了，我得去穿上西服套装。转身走向"美景间"时，我朝旅馆前门的方向看了一眼，正好看见一辆明黄色的"保时捷 911"汽车驶入车道——是辆结实的古董车，车龄可能有 40 年了，但保养得完好无损。我父亲的第一辆车也是 911。在他还没满 16 岁的时候，溺爱着他的祖母就给她这个唯一的孙子洛基买下了它。后来这辆车被重新喷涂了一层明黄色油漆，厚重而有光泽。就像他做其他大多数事情时一样，洛基把这辆车开得非常狠。我母亲遇到他和他的保时捷时，正是他热衷于在山路上飙车的那段日子。谁能第一个到达山顶？这始终是个问题。快速，危险，飙车比赛被视作对汽车本身和其驾驶员两者强健有力的证明。但光鲜亮丽的油漆可以，也常常被用来掩盖深层的缺陷。

如果你把车开到三挡的最高速度，却不继续换到四挡，反而向下换回到二挡的话，你就可能"掉一个气门"（drop a

valve）。这时脆弱的发动机气门阀杆会在压力下断裂，并在活塞汽缸里粉身碎骨。一个谨慎的驾驶员这时就会停下，并立即开始修理车子。但杨却与"谨慎"相反，他没有停车，而是试图将已经坏掉的汽车全速开回位于宾夕法尼亚州雷丁市的家中。雷丁离他所在的地方直线距离只有 20 英里。发动机在他开到城市边缘的时候突然卡住了。颓废之后就是死亡。杨的死亡与他的生命一样轰轰烈烈。

10 岁的我有一次罕见地拜访我父亲在纽约的公寓时，他带我们兄弟俩去了位于比弗街 56 号的著名餐馆"德尔·莫尼克"。他喝了三杯马丁尼酒，并吃掉巨大的一碗贻贝和一份火焰冰淇淋。"这些是从庞贝买来的。"我们走出餐馆的时候他指着大门口的花岗岩柱子说道。很多年之后我才知道庞贝是什么。这次共进晚餐十年后，我从母亲那里得知，他喝醉时曾从很高的地方跌落或跳下，将下颌和牙齿摔得粉碎，几乎没了命。在那之后又过了十年，我和哥哥在纽约的斯隆·凯特琳癌症研究中心门口和他见面，他刚刚在那儿被诊断出食道癌晚期。我们去了一家狭小的街边餐馆吃晚饭。他不饿，但很努力地装出好胃口的样子。他吸溜着、咳嗽着坚持吃掉了一整碗贻贝，甚至将碗底的最后一点汤汁都费劲地喝掉了，其间时不时噎住。

那晚我在林居与卡罗尔和贝卡共进晚餐的时候，每样东西的味道都有那么点不对劲。可能是餐厅的白色桌布的缘故，或者是因为看到我女儿的样子——穿着她最正式的好衣服，脊背挺直，手肘离开桌面——或是因为我的盘子周围摆了太多的银餐具，或是因为厨房里飘来的烤肉香气，或是因为明确的想要呕吐的冲动，或是因为些微的自我憎恨之感，或是因为看到了汤碗底部那层半透明的汤汁——无论是因为什么，贻贝和汤汁的味道始终纠缠着我，令我无法逃脱。

深渊大酒店

我们并无自知之明。我们是认识者，但我们并不认识自己。原因很明显，我们从未寻找过自己——因此又怎么可能发生我们突然有一天找到自己的事呢？

——弗里德里希·尼采《论道德的谱系》，1887

在1888年年末，尼采从锡尔斯－马利亚迁居都灵期间，他曾反思，或坦承，或哀叹道："我是个颓废者。"但除此之外，他也坚持说，"我同时也是其反面。能证明这点的一条依据是，我在身处悲惨状况之中时总是本能地选择正确的道路，而颓废者则会一贯地选择以不利于他自身的方式行事。"称尼采为"颓废者"或许听起来很奇怪，但他深知颓废仅仅意味着处在衰退的最后阶段而已，而他本人的确在这个阶段。尼采知道自己身上的病症，并且采取了激烈的措施以抵制这种病症的影响，先是在锡尔斯－马利亚，继而在意大利。衰退不可避免，但人们当然可以选择如何应对它。

锡尔斯－马利亚将永远作为他与颓废的诱惑搏斗过的地方而留存在尼采的记忆之中。他在那里居住的那间旅舍是杜里施家族的产业。当时它还没有成为"尼采之家"，只是一所某位老教授常来度夏的寄宿公寓而已。尼采无论是到来还是离开时都很安静，鲜有受到村民们的关注或打扰。1883年夏天，他曾将数百本书搬进他狭小的卧室，这些书可能是他仅有的伴侣。在很多个夜晚，当他的房东睡着之后，尼采就会独自坐在黑暗、寂静、空荡荡的房间里。他承认，身处这个简朴孤寂、天花板低到伸手可及的卧室常常是种难熬的监禁。"晚上独自坐在这个狭窄而低矮的屋子里，让我倍感艰苦。"然而，这种艰苦是他刻意为之的。他所遵循的禁欲生活制度并不承诺来生的幸福安乐，只会使他变得更强健，或许还可能为他推迟终将来临的崩溃。

带着这个念头，我决定回到尼采之家。这个决定是我在林居记起我父亲的贻贝，并且见到维尔特-米农钢琴的那个晚上之后做出的。多年前第一次来这里的时候，年轻的我仍然能感觉到尼采是如何在与颓废搏斗。你无法避免地会筋疲力尽，但如果你够勇敢的话，可以选择将自己燃烧得快些，甚至于更快些，灿烂明亮些。可能今天的我身上还留存着那种状态的痕迹。

在20世纪90年代末，这座房子没有任何新奇之处，没有什么能够将一个人的注意力从他自己或他正在处理的事务上吸引开来的东西。它直到20世纪60年代才开始对公众开放，即使在开放了之后，也几乎不在任何热门的旅行参观路线上。它既公开又私密，恰切地象征了查拉图斯特拉所体现的，在存在主义的山中和众人居住的谷地之间进退徘徊的两难境地。似乎在这里，人曾经可以静静地探究野兽的存在，和真正的狄奥尼索斯精神。当时尼采之家的主人养了一只巨大的猎狼犬名叫"梅林"。梅林待人友好与否全凭它自己高兴——换言之，它是只令人畏惧的狗。"它喜欢你。"旅舍主人第一次见到19岁的我时这样说道。当时梅林闻了闻我的胯部。在夜里，这只狗非常安静，不会发出一点声音。但我还是不由得想象它仍然在那里，在黑暗中的某个地方。当我深夜在这座房子空无一人的短短走廊里游荡时，我心里有点希望碰到它。但这从来没发生过。

在那些日子里，尼采住过的那个房间并不总是上锁的。我就进去过几次。它看上去和闻上去都和走廊另一边我自己的房间没多大区别，两者几乎互为镜像。这就是伟大的思想和伟大的创造发生之处。我会在里面稍微停留一会儿。即使在当时，我也知道这么做是毫无道理的：这四面墙同样也见证了伟大的渴望，却近似于可悲的妄想。"我不是人。我是炸药！"——这个想法就是在这里第一次浮现的。炸药（Dynamite）这个词来自希腊语"dunamis"，意为"强力"。一个人如何能成为炸药，成为强力意志呢？根据阿多诺的说法，艺术的意义就在于将混乱带入秩序。即便是最小的一丁点儿炸药，也能造成多少混乱？我在第一次锡尔斯—马利亚之行中，大部分时间都在寻求这个问题的答案。

记得那时，并不宽敞的大厅总是空荡荡的，只有我和墙上的画作——李希特那些涂抹过的头骨画为伴。关于这个，哈姆雷特看见约里克的头骨时说得最妙："唉，可怜的约里克！我从前认识他的，霍拉旭。他是个滑稽百出、异想天开的家伙……现在叫我一想起来，就觉得心里直犯恶心。这上面本来挂着两片嘴唇，亲过我不知有多少次。现在好，你的挖苦呢？你的调皮呢？你的歌曲呢？你逗得满堂大笑的滑稽劲儿呢？"当19岁的我看到李希特的那些头骨照片，"觉得心里直犯恶心"的时候，我冲向自己所能去到的最高的山峰，并最终登上了峰顶，却没有找到我想寻找的东西，之后便在深渊的边缘驻足。在他更有名的一幅头骨画上，李希特用擦窗子的刮水刷涂抹了一条厚厚的蓝色颜料，随意地染脏了人类的面孔。他在解释为什么采用这一奇特的技法时说："当你手里握着的是画笔的时候，你能控制它。你先把颜料蘸到笔尖，然后下笔。出于经验，你完全知道接下来会发生的一切。而当你手里是刮水刷的时候，你就失去了这种控制。并不是失去所有控制，但有一部分不在你的掌控之中了。"只是在约里克的脸上放一点点"炸药"，仅此而已。

他们在我离开之后特意将"炸药"从尼采之家去除了。17年后的这间房屋内部清洁、崭新，毫无生气。尼采一定会感到极其反感。这里再也不是原来的那个可以让某位偶尔来访的苦闷烦忧的旅人在步入无情的大自然之前暂时喘息一下的地方了：现在它成了一座正经的展览馆和作家度假胜地。充溢于其间的紧张、渴望和自由感一扫而空。我的第二次，只怕也是最后一次到访，是在一个夏末的上午。当时下着雨，恰好我也盼着能有点沉郁，来平衡自己之前在林居享受到的多日安闲适意。然而，尼采之家让我失望透顶。

整座房子里灯火通明，挤满了人。我刚进门就听到从厨房里传来的欢笑声，一路沿着楼梯飘到大门口。我迅速地数出了五个、六个、七个不同的声音，当时就想转身走掉。不过我还是缓步上了楼，来到我以前住过的房间，和那条我曾在许多个漫长的夜里来回游荡过的走廊。之前的那些李希特作品都不见了。这位艺术家留在整座房子里的唯一遗迹，就是二楼的一块彩色玻璃，由几何图案构成的斑斓色块装饰着朝西的窗子，它和我记忆中年轻时在这里看到的那些头骨画毫无相似之处。在阴沉的午后，这块花窗显得乏味、丑陋，与四周的环境格格不入。这可不是什么罗马天主教的主教座堂，我烦躁地想道。这是一个凡人——而非一位圣人曾用尽全力试图与生命的诸多悲剧和解的地方。我的那些污迹和炸药现在去了哪里？李希特的这块彩色玻璃是从他本人于20世纪70年代设计的作品《4096种颜色》中衍生出来的，那幅作品是将一张每边长8英尺的正方形画布划分成4096个方格，并依颜色光谱用油彩将它们逐个上色。上色这部分工作是他雇学徒做的。我理解他的作品背后可能有某种深奥的美学理论，但在尼采之家这个天光昏暗的午后，它看上去是如此荒谬可笑，我要努力克制自己才没有当场把那玩意敲个粉碎。我强迫自己将注意力转移到墙边的展品上。

这间房子被改建成了一个展厅：墙上的导轨灯光照亮着一排曾来到锡尔斯–马利亚寻访"超人"的历史人物的画像。楼下传来了更多的笑声。这里不只是一个展厅，还成了某种住宿酒店。我能听见客人们一边喝着卡布奇诺，吃着酥皮糕点，一边谈论尼采和永恒轮回。1962年，匈牙利马克思主义者格奥尔格·卢卡奇写了一篇文章指责阿多诺和其他拥入锡尔斯–马利亚并在林居住下的学者们。他将其称作"深渊大酒店"：一座矗立在深渊边缘的豪华酒店，供人们在奢侈享受中观想

（contemplate）存在的虚无，在舒适的展厅里欣赏世界的末路。更多的欢笑声传来。我不敢想象尼采之家本身竟然变成了这样一座深渊大酒店，但事实似乎的确如此。

我一边沿着长廊前行，一边看着这些展品。这里是阿多诺和他的朋友，写出过《单向度的人》的赫伯特·马尔库塞。这本书解释了现代性扼杀人的自我实现的倾向。他们旁边的是露·莎乐美的情人里尔克，他也是恩加丁山谷的常客。那边挂在展厅一角的则是托马斯·曼的照片，曼曾于20世纪40年代中叶在阿多诺的协助下写出了小说《浮士德博士》。第二次世界大战过后，无比富有的曼将林居而非尼采之家当成了他的第二个家。所有这些人都试图捕捉到关于尼采的一些东西。

《浮士德博士》的主人公名叫阿德里安·莱韦屈恩，他在很多方面都是以尼采为蓝本的。与歌德的作品《浮士德》和日耳曼民间传说中的形象一样，莱韦屈恩也有着非凡的才智，并深深遗憾于自己所拥有的知识如此有限——毕竟，那不过是人类的知识而已。他想要的远不止于此。于是他故意感染上梅毒（至今还有许多人认为是梅毒最终导致了尼采发疯），以求陷入疯狂状态来强化自己的才能。不出所料，在这之后无论是他本人还是小说的情节，都迅速堕落了下去。在这本书的结尾处，迷恋上了末日审判和基督受难的莱韦屈恩召唤他的朋友们（或者用更准确的说法，众门徒）来到他身边，见证他将自己钉上十字架。

曼的浮士德尝试去复活尼采，但我不禁要觉得，他在一个很重要的方面失误了。在写作《浮士德博士》时，曼处于流亡状态，同时正在发生一场世界大战——这部分似乎与尼采的精神有共通之处，然而他却在洛杉矶。曼喜欢洛杉矶这个地方，经常高高兴兴地在太平洋帕利赛德[1]的豪宅附近牵着他的卷毛小狗散步。这位爱时髦而好交际的诺贝尔奖得主颇为喜爱洛杉矶稳定的温煦气候。他是逃离了欧洲的残酷暴行才来到这里的，因此也理应享受些好天气。然而，富足的加州是个颓废之地，它与尼采的智力事业调性完全不合。住在这里，就像是在屈从于文明的下行的倾向，而非抵抗它。

我又路过了两张赫尔曼·黑塞的照片，里面的他似乎正从黑色镜框中严厉地看向你，脸上带着他一贯的那种充满怀疑的神情。或许他的疑心不无道理。也许，存在于乏味的现实与无限的可能性之间，以及社交生活与完全的本真性之间的不一致的确是值得深深忧虑的，甚至更糟。我转身离开黑塞，向尼采曾经住过的那个房间走去。

我再一次在不经意间错过了午饭。我一点都没有感觉饥饿。现在已经是下午 3 点左右了，阳光开始透过李希特的彩色玻璃窗倾泻进室内。尼采的卧室上了锁。现在有些地方成了禁区。展厅的管理者在离开前一定特意锁好了这一间，而且即使在它没有上锁的时候，人也是不能随便进出的，有一根粗粗的白色绳索拦在两道橄榄色的门框之间。绳索的末端打成一个绞索式的绳圈套在门把手上。我思考了这个形象良久，但随即决定先去收拾自己的卧室，让它在卡罗尔过来找我之前看上去体面点。

---

1 Pacific Palisades，美国加州一风景优美的海滨地区，是个有许多豪宅的富人区。——译者注

卡罗尔听说这间房子已经没有之前那么让人害怕了，于是就答应了来这边和我住上一晚，贝卡可以暂时托付给我们的一个朋友照顾。但首先，我们全家人要一起去徒步游览菲多茨山谷。按照尼采的说法，一个人可以选择去做颓废者，但也完全可以选择其反面，如果他想找到那种正确的，在悲惨的境况中治疗自己的方法的话。

菲多茨山谷是菲克斯山谷的同胞兄弟，只是更粗犷些，没有菲克斯山谷那么秀丽。这里的冰川平原相当狭窄，穿过山谷的河流两岸不时出现陡峭的花岗岩壁。我确信我们走不到岩壁那边了，但可以先试着朝那个方向前进。要想到达那里，徒步者必须穿过林居后边高低起伏的拉雷特森林。这片森林与美国东北部的那些森林很不一样。在阿迪朗达克山脉或白山山脉，一旦你进入了森林里，就真的没有回头路了。这些森林无边无际，几乎没有中断地向北一直延伸到加拿大的冻土平原地带。而拉雷特森林则是另一番景象。在一条条松柏荫蔽、碎石铺成、落满松针的林间小径尽头会突然出现一片开阔的风景，或是野花盛放的大片草地，在上面你只能走土路或是踩着草前行。大多数来访锡尔斯—马利亚的哲人——尼采也在内，都很喜爱来这里散步。在拉雷特这个高度，你可以俯瞰四周，但它又没有高到会让人眩晕的程度。我想着我们可以先在前面的瞭望点停下来欣赏一会儿下方的湖景，然后再向南边的谷地更高处进发。

早晨的雨已经停了，在那边看到的景色定会美妙绝伦。

贝卡却有她自己的想法。森林里有很多野花，而她非得把这些花采个遍不可。她中意的不是那些大而招摇的花朵，而是小小的、一不留神就会错过或掉落不见的那些。既然草地上就有这么多漂亮的花儿，干吗还要沿着山路继续往前走？——因为，我起初是想去某个目的地的。卡罗尔也是这样，所以我们哄劝央求着贝卡又走了一个小时。在草地上，她可以奔跑、跳跃、旋转，但一开始老老实实地走在山路上，她就莫名变得非常容易累。这就像带着一只小狗散步一样。但随后，在一个顿悟的瞬间，我们决定放弃了。今天的冒险活动就到此为止好了。我们到了离瞭望点半英里的一片开阔草地，贝卡看见草地中间有一大簇毛茛花，便直冲了过去，欢喜地滚倒在花旁。她坚持走了差不多 1 英里。她今天累坏了。

这是个度过下午的绝佳地点。距离贝卡约 100 码的小山上，坐落着一间白色木屋，令人欣慰地提醒着我们，自然也可以容得人类生活于其间。而且经常是些美丽的生命：贝卡这时又一次穿过高高的草向我们奔跑过来，双手高高挥舞着，向我们展示她收集的花儿。她跑到我们近旁，递给我们每个人一大把花瓣，嘱咐我们细心保管。"千万别弄丢它们，拜托了。"她低声请求道。贝卡很有礼貌，但同时也无可置疑地执拗。卡罗尔和我在附近的一个小山坡坐下，看着我们的女儿玩耍。"在每个真正的男人内心，都藏着一个想要游戏的孩童。"尼采曾这样说过。他很可能是对的，但要谈到在现实中真的与孩子一起玩，通常还是女性哲学家更在行。

我思考着手里的花瓣。历史上，此类事物向来无法进入思想家们的视野，但一位19世纪的美国哲学家埃拉·莱曼·卡博特曾经写到过这样一个特别的时刻，其中发生的事情，正与此刻卡罗尔和我与贝卡和她的花儿之间发生的事情相似。卡博特有一次带着一群孩子去摘樱桃（家资颇丰的她收养了几十个儿童），其中一个幼小的孩子将三颗樱桃递到她手上，却不是要给她吃，而只是让她看。起初卡博特甚至不知道自己看到的是什么，然而她转瞬间明白了："我再一次意识到我们是多么迟钝、愚笨、渎神，竟然会看不见这三颗在我们指间整整齐齐排成一行的樱桃中，那强烈的压倒一切的欢乐。"我从背包里找出一个带拉链的自封袋，小心地将贝卡的花瓣装了进去。我们在新英格兰的庭院里有许许多多的花儿，但贝卡对它们并不特别感兴趣。阿尔卑斯山中的花儿在某种意义上是特别的：它们是贝卡在一个超脱于日常生活之外的世界里发现的东西。在我们徒步旅行的这一路上，她感受事物的方式发生了些微的改变，而这种改变已经足以让人看出区别。对贝卡来说，阿尔卑斯山中的每一朵花都是全新的，是它这一类中的第一朵，值得她的关注和保护。

卡罗尔拉起我的手，指向小山上的那间木屋。我抬头看去，看见有个赤身裸体、青铜色皮肤的男孩，年约7岁，敏捷地溜了进去。片刻，他又提着一个水桶出来，在门外的龙头上接满了水。这个男孩比贝卡略高一点，从头到脚均匀地晒成同一个色调。随后他的母亲，一个30多岁、身材魁梧的漂亮女人也出来了，将她棕色的、一丝不挂的身体摆在太阳椅上。她向草地这边看了一眼，懒洋洋地朝我们挥了挥手，然后闭上了眼睛。

她挥手的动作中有种浑然不觉的自在之感：她并没有裸露癖，但她也完全不在乎别人看见自己的身体。我是个每时每刻都会隐约对自己感到不适的人，因而几乎无法理解这种态度。贝卡只是抬起头看了他们一眼，就又回到她的花儿中了。我松了一口气，看来她还没有继承我的那些焦虑。不一会儿，她站起身来，朝着从山上汩汩流下的那条窄而清浅的小溪走去，我强忍住了喉咙里那声本能地想要阻止她过去的尖叫。她继续走到了小溪旁，并且在这一整个夏日午后，都尽情地拍打着水花。

传统上，父亲的身份向来意味着对子女的可能性的限制。那个我们熟悉的表达"老爸最懂"（father knows best）中暗含的后半句是"而孩子不懂"。这种立场显然有其正确之处：一个蹒跚学步的幼童爬到了危险的高处，他的父亲当然需要制止。孩子有时会去探索一些对他们自己的身体或心理有害的可能性，而我们作为父母的职责，就是时刻注意着存在自由（existential freedom）可能对我们的孩子构成的这些威胁。然而，尼采以及后来的存在主义者们都认为，被我们夸大的风险厌恶（risk aversion）所映射的，常常不是某个特定情境中实际存在的危险，而是我们自己的焦虑感。

焦虑和恐惧——在日常生活中，人们千方百计地避开它们。更具体地说，我们避开那些会引发焦虑和恐惧的事物，例如蜘蛛、考试、枪击、小丑、湍急的河流。然而，此类经验对于 19 世纪和 20 世纪的欧洲哲学家来说有着特殊的意义，他们的一个总体上的共识是，人类做不到，也不应该去回避它们。尼采这样的存在主义者认为，恐惧并没有具体的对象或成因，而是从人之为人的本性深处令人不适地弥散出来的。用克尔恺郭尔的话说，恐惧来自"对自由的可能性的感知"（sense of freedom's possibility）。想象你在现在的生命中所拥有的一切可能性，将它们的数量乘10，再乘10，最后再允许自己考虑一下，你从非常年轻的时候起就向自己禁绝了的那许许多多的选择。现在你所感受到的，就类似于某种模糊和弱化了的，对自由的无限可能性的意识。成年人世界惯常的例行程序通常会麻痹我们对这种恐惧的敏感，但小孩子会尽力提醒我们这种恐惧的力量。

我们为什么要限制我们的孩子？当然，几乎所有父亲都觉得他们的行为是为了孩子的最大利益着想，但我渐渐意识到，我们中的大多数人保护孩子，至少部分是因为我们在回避自己的焦虑，或在与这焦虑苦苦纠缠。我们越是辩称自己是为了孩子的安全，就越强烈地显示出，这实际上只是为了我们自己。孩子以他们让人或愉悦或痛苦的方式提醒着我们，人之为人是怎样一回事。贝卡无拘无束的好奇心、天真的勇敢和全无羞耻感，让我想起我自己在某个遥远过去的时刻，也曾拥有过这些可能性——而且我经历了一番周折才抛弃了它们。

接近傍晚的时候，天放晴了。太阳的位置仍然很高，但它已经快要没入西边的群山背后。最后的温暖的阳光洒落在我们一家坐在上面的那块草地上。卡罗尔带了水果和一瓶巴罗洛葡萄酒过来，我们三个人吃水果，我和卡罗尔喝酒。我们刚刚吃喝完毕，正打算收拾离开时，奇妙的事情发生了：一开始只落下来几个雨点，渐渐下起了如薄雾般的细雨，后来变成了倾盆大雨。天空仍然看不见一丝云彩——只是呈现出一种明亮的、微微发着光的湛蓝色。但的确是在下雨，而且下得很大。这场雨是在字面意义上"平空而起"的，谁都不知道雨水来自哪里。我之前也遇到过太阳雨，那是在我二十几岁时，有次独自驾车穿越全境，途经蒙大拿州东部时的一个黄昏。一场暴雨在离我几英里处聚集又落下，伴着正渐渐西沉的落日的余晖。雨水被高空的气流在水平方向上吹到很远之外，吹到了一片并没有云彩的天空才落下。但在平原上，我仍然能看见远处天空中有阴云，因此那场雨没什么奇怪的。但非多次山谷的这场雨则完全不同。最初产生这些雨水的云被群山遮住了，因此看上去雨点就像是从阳光和蓝天中凭空幻化出来的一样。贝卡咯咯笑了起来，我和卡罗尔飞快地把东西收拾好，背着贝卡匆忙赶回了林居。

我知道太阳雨有某种神话意义，但当时我完全没办法好好思考这件事。我只能想到另一个可以形容这类暴雨的词："serein"，它来自法语中表示"静谧"的词，或者古法语词"serain"，意为"傍晚"。夜幕降临时一场令人平静的大雨，会通向真正静谧的体验。我们回到旅馆，脱下身上湿透了的衣服，三个人一起挤进了"美景间"那个四足呈爪子形的特大号浴缸。我们很快地吃了个晚饭，来照看贝卡的人也到了，于是卡罗尔和我手牵手向尼采之家走去。

其他客人还没有睡下，他们正聚集在楼下的厨房里愉快地聊天，谈论尼采生命最后的日子。卡罗尔和我沿着楼梯上了二楼，她评论说"这个地方看上去挺快活"。我不得不同意这个评价。我们躺倒在床上，几个小时后决定睡觉。卡罗尔马上就睡着了，只留下还没能适应现在这座"深渊大酒店"的我自己。现在我

深渊大酒店

对它的态度极为矛盾。它现在显得静谧、安稳，令人愉悦。这间房子已经变成了让当年第一次来这里时的我完全无法想象的样子——一个供情侣和友人共度温馨时光的旅舍。或许存在的暴雨会降临，但即使在雨中，也仍可能有一缕阳光从不知什么地方悄然出现。这些都是真的，但此时此地还有一些别的什么在困扰着我，某种诡异的或令人不安的东西。

我翻身趴在床上，用手肘支起上身，腹部肌肉紧绷着贴在床垫上。我一生中有很多时间都是以这个姿势度过的。直到今天，只要条件允许，我还是会在吃完饭后找一块地方，把自己的身体摊平趴在上面，直到那种让我感到不适的饱腹感渐渐消失——大多数人会称之为"满足"。我的手臂和肘部现在已经不会感觉到累了。我盯着卡罗尔看了好一会儿，拂开她落在脸上的头发，又回到了原来的姿势。她将这个姿势叫作"狮身人面像"，并会温柔地提醒我放松一点，别活得那么紧张。但今晚不行。我又翻了个身侧躺下来，几乎是下意识地用大拇指用力按压着肋骨。这也是个熟悉的动作，一种从我的年轻时代延续至今的惯性行为，它是让我确认自己还在这里，或者有适当比例的我已经不在了的一种方式。

我之前一直避免想这件事，但此刻在这个黑暗的房间里，继续逃避下去已经不可能了。除了"serein"，太阳雨还有另外一个名字。在全世界的民俗传说中，这种天气现象都被赋予了惊人相似的意义：法国人叫它"狼的婚礼"——雨水被认为象征着新娘的泪水；菲律宾人的说法则更可怕，他们说太阳雨标志着提克巴朗马人（the Tikbalang）的婚礼，这是当地神话中

　　　　　　　　　　　　　　　攀登尼采

一个恶作剧的魔鬼，会故意将行路人带入歧途，这会使他们永远无法到达目的地。我难以想见谁会爱上这样一个形象，更不用说和他结婚了：他看上去就像一个被抻长了的人类，瘦骨伶仃，衰弱不堪——只是脖子上长了个马头。

第三部分

马

对任何可能会为我所关心的人们，我希望他们承受苦难、孤寂、
病痛、虐待、羞辱——我希望他们经历深刻的自我鄙夷，受自
我怀疑的折磨，饱尝被征服的悲惨：我对他们没有怜悯，因为
我所希望他们承受的，是唯一可以检测出一个人是否有任何价
值——也就是说，他能否忍耐——的东西。

——弗里德里希·尼采，《权力意志》，1888

　　1888 年 9 月 20 日，尼采最后一次离开他位于锡尔斯-马
利亚的居所，前往都灵。他此时情绪昂扬，工作效率也高得出
奇。他在这个意大利城市中表现出的兴奋活跃状态——我拒绝
称之为"狂躁"，越来越频繁地夹杂了一种怪异的成分，这吸引
了他的邻居和朋友们的注意。我毫不怀疑，如果他独自一人身
在锡尔斯-马利亚的话，可能几个月，甚至几年都不会有人察
觉到这些心理上的太阳雨。但无论这算好事还是坏事，在都灵，
他的身旁有一些同伴，而这些同伴发现这段时间里他的性情
多变，难以理解。

　　1888 年，他开始在信件末尾处署名"狄奥尼索斯"，而接
下来的那年，他又开始使用"被钉十字架者"这个名字。对此，
他于 1889 年新年过后几天写给朋友雅各布·布克哈特的一封信
中这样解释道："根本上说，我是历史上的每一个名字。"他最
为异常的时刻一般出现在连续工作很久之后——写作一系列自

马

传性的小册子直到深夜，在这些小册子中他探讨了狄奥尼索斯式的创造力、基督教的缺陷，以及历史无可避免的觉醒。与此同时，他也在与自己的过去搏斗，最主要的是与他早已疏远的"精神父亲"理查德·瓦格纳阴魂不散的幽灵搏斗。实际上，在他居留都灵期间，他一直频繁不断地坐到钢琴旁，凭着记忆弹奏瓦格纳的音乐。他经常弹着弹着就开始用手肘猛砸键盘，这让他的房东苦不堪言。不过，这些本来都没什么不可原谅的，如果没有发生后来那次灾难性的过分出名的关于马的事件的话。

在我们的旅程行将结束时，我很努力地让自己不去想尼采的生命是如何结束的。

那天，恩加丁山谷天气晴好。贝卡之前在林居下方的山脚下见到过一群马，现在她想要过去摸摸它们。我完全能理解她想这样做的想法。那些马儿都足有十八掌高，丰姿挺秀，优雅庄严，有超凡出尘之态。她一点都没有害怕，沿着我的背脊爬上肩头，央求着我："再走近一点儿，爸爸。"我谨慎地向前走了几步，让她的小手抓到了深色的马鬃。那匹马全身几乎没有动，只是蹄子迈了一下，差点把我的脚骨踩折。

贝卡是个可爱的孩子——在我眼中，是孩子中最可爱的：温柔友善，性情平和，活泼而充满好奇心，这些都和她的母亲如此相像。她伸出右手从下往上抚摸马儿的耳朵，又把左手伸到它的脖子下面抱住。仅仅是看着这一幕，就足够美好到让人哭泣了，但是我并没有流泪。贝卡想要骑马，我花了好几分钟才说服她，坐在马身后拉着的车子上几乎和骑马一样好。我们全家下午要乘马车游览菲克斯山谷。经历了菲多茨山谷的那次未遂的旅行之后，卡罗尔和我一致认为，对于徒步远足来说贝卡还是太小了，而开汽车进山又是被禁止的。于是我们决定坐马车。尼采很可能不会赞成，但只要我们想全家一起出游，这就是唯一的选择。

那条高高的通向冰川的山路很狭窄，只能供一个或至多两个挨得紧紧的登山者同时通行。走在这条路上，有时需要经过几个大角度的转弯，有时需要跳下瀑布，还时时需要当心踩到松动的石头——在昏暗的光线下，这条路无比凶险。相比之下，通向菲克斯山谷的那条大路就宽阔平坦得多了。贝卡和车夫并排坐在车前，车夫懒洋洋地在两匹马儿的头顶晃动着长长的马鞭。卡罗尔和我单独坐在马车后座，尽情享受着美景，同时惊异于孩子能这么快地长大。

阿多诺也曾在这里行走过。他直到第二次世界大战之后才开始光顾林居，并在六十几岁的时候写下了《出锡尔斯－马利亚记》。这是一篇关于尼采和他的村庄的文章，最初于1966年10月以笔记的形式发表在德国的一份大众刊物上。阿多诺在文章中记录了他与他的哲学家同伴赫伯特·马尔库塞一同探访锡尔斯的经历。这两个年近七十的男子，是抱着某种"朝圣"的目的前来的，他们徒步进入了菲克斯山谷，想要到这里追随尼采的脚步，希望能找到些什么东西。但我无法想象他们会走那条高处的山路。他们这次旅行只是对尼采的徒步旅行的一次相

马

形见绌的复制。而我们的这次就更不够格了。在某种意义上，这也是不可避免的。实际上，尼采在都灵凭着记忆演奏瓦格纳的那些日子里，可能得出了相似的结论。阿多诺解释说："只有通过模仿其他人，一个人（a human being）才得以成为一个（a human）。"这话可能在描述的意义上是正确的，但至少在这个案例里，真相令人感到痛苦沮丧。他继续写道："在今天，有'自我意识'（self-consciousness）只剩下了一种意义，那就是映射出自我的难堪，和意识到自我的无力——知道自己什么都不是。"

我抬头看向贝卡和那个手持鞭子的车夫。一开始他看上去似乎根本没有在使用鞭子，但一两分钟后，我就注意到他有时会压低手腕，让鞭梢轻轻扫过马儿起伏的背脊，特别是在山路上爬坡的时候。他一这样做，两匹牲畜就会立刻加快脚步。察觉到这点后我悚然心惊，担心贝卡也意识到，马儿所表现出来的驯顺完全系于对施暴的恐惧。谢天谢地，她并没有发现这一点。一时间我想起了雷、尼采和莎乐美三人在卢塞恩摆拍的那张超现实主义的照片，其中女子持鞭，而两个男人戴着挽具匍匐于前。当我们缓慢地爬上又一个山坡时，鞭子又轻轻扫在了两匹马的身上。一个动物为什么能察觉到这样的触碰？它们之前需要经过什么样的训练，才会发展出如此的敏感？

我们慢慢到达了一定的海拔高度，将延绵的山谷甩在了身后。在我们上方的则是我前些天走过的那条山路，从现在的位置看去，它仅仅是划过绿色山坡的一条棕黑色的细线。我知道不久它就会从视野里完全消失。从那里，你可以俯视远处的菲克斯山谷中的小村庄。阿多诺也曾写到过散布在谷底的这些村落：从高处——实际上要从极高处欣赏它们才是最恰当的。从这么高的地方看下去，那些村落就像是被某只灵巧的大手布置在那里的一般，它们似乎没有坚实的地基，可以被移来动去。在那些有着宏伟想象力的人的眼中，它们看上去就像是许诺了快乐的玩具，可以被随意处置。身在高处就是会让人产生这种感觉。尼采称之为"距离的悲怆"（pathos of distance）。或许，这种感情并不是全无道理的——从极高处向下望去时，油然而生的那种壮丽荣耀之感，但这种视域也仅仅是暂时性的。"无限可能"之感转瞬即逝。而一个人在力求寻觅更好、更宽广、更全面的视野时，他到达的位置越高，就越有可能产生高山反应。同时也越可能在想要回到海拔更低处的时候，遭遇巨大困难。

当他们不在菲克斯山谷附近游逛时，阿多诺和马尔库塞就去拜访锡尔斯–马利亚仅有的那几个仍然记得尼采本人的村民。其中有一位名叫佐思的年长店主，当哲学家来到镇上隐居的时候，他还是个小男孩。他记得，无论天气如何，尼采都会随身带一把红色的阳伞，以保护他敏感的头部不受风吹日晒。而佐思和村里的其他男孩会偷偷往他的伞里夹鹅卵石，这样他一撑开伞，石子就会纷纷掉在他的头顶。他就是这样一个人——他最真诚的试图保护自己的努力每次都反过来给自己造成伤害。据佐思说，尼采会追着孩子们跑，但从来都没抓到过，也没伤害过他们。我只能假定在这些时刻他认命了，接受了自己注定是个在所有方向上都遭到打击的人。

车子慢下来了，贝卡发出一阵清亮的笑声。20岁的公马卢奇，也是我所见过的最高大的马儿之一，跟跄着走了几步，然后拉了一坨马粪。据我们的女儿说，那坨马粪体积特别大，而且当时的情景非常滑稽。马粪落进了挂在它挽具背面的一个打了蜡的粗麻袋里。很显然，对于通往菲克斯的道路的清洁程度有着某种规定。卢奇还没有拉完，于是它停下脚步，在原地站了一会儿。大多数马都可以一边大步行进，一边排便，但卢奇不愿意这样做。它停顿的时间有点久了。车夫的鞭子轻轻落到了它的身上。接着，鞭子再一次落了下来，这次就不那么轻了。不管怎样，卢奇算是拉完了。一匹被迫日复一日背着自己的粪便拉车，同时还挨着鞭子的牲畜——我想不到有什么比这更值得同情的。在《罪与罚》中，拉斯柯尔尼科夫梦到自己目击了一匹马被活活打死。他自然而不假思索的反应，就是上前拥抱亲吻那匹可怜的马儿，用身体为它挡住那醉醺醺的施暴者抽下来的鞭子。

拉斯柯尔尼科夫的梦境在尼采身上变成了现实。1889 年 1 月 3 日早上，他在都灵的卡洛·阿尔贝托广场上抱住了一匹马。据传，他接下来就瘫倒在地，失去了意识。尼采想要保护那匹马儿免受车夫的鞭打，但在这个过程中，他被长年累月侵袭着他的一系列身体、精神和哲学上的压力击倒。卡里尼亚诺宫巴洛克风格的正立面——启蒙与颓废的标志物高高矗立在他的面前，他一下子垮掉了。人们通常认为这就是标志着尼采彻底崩溃的那个点，大多数学者认为，他在他生命中余下的 11 年里，再也没能恢复神智。许多讨论尼采哲学的书也都言尽于他在都灵的这次与马的宿命相遇之处。然而，这些说法却都略显虚假或薄弱：他们将眼神移开的地方，恰恰是尼采会敦促人们格外专注警惕之处。他后期对于颓废的研究让他懂得，在考察衰退和自我毁灭时，人应该更有耐心。衰退和自毁的过程通常要比人想象的长，而我们需要特别保持眼目清明，才能捕捉到事物完全消失的那一刻。

尼采生命的最后十年揭示了许多事情：它告诉我们生命本身比哲学更长久，人真的可以在梦境和幻想中活下去，生活和故事是无法分开的，衰退经常被视作一种需要被掩盖的丑事，在正确的时候死掉是生命最大的挑战，而疯狂和深刻之间的界限，只是群山中一条若隐若现、最终消失了的淡淡痕迹。

瞧，这个人

最高贵的人……就是最鲜明地展现了存在的对立性质的人……

——弗里德里希·尼采，《权力意志》，1888

我们在山中的日子只剩三天了，而我的旅行箱里还剩下两本小书——《瞧，这个人》和《敌基督者》。它们都出版于尼采在都灵的那次精神崩溃之后数年。我知道我想在哪里阅读《瞧，这个人》了：一个人迹罕至之处，位于通往菲克斯的那条高高的山路上方的，可以俯视整个山谷的悬崖边缘。我只打包了很少的行李——一瓶水、一盏头灯和我的书，天还没亮就出发了。

"我午饭过后回来。"离开前，我在卡罗尔耳边低声说道。

尼采在他生命的最后十年里一直渴望回到这条山路，但他在大多数时间里都被关在房门紧锁的室内，处于母亲和妹妹警惕的注视之下。从最开始，尼采的母亲就努力想弥补他父亲的缺席所带来的影响，而我始终认为，这造成了一种虽并非她的本意，但却可以料想到的后果：一种近乎完全依赖的绝对依恋。她的儿子曾几次疏远过她，例如在她干涉他和其他女人的关系时，然而，当尼采的精神健康在1888年被认为衰退了之后，弗朗西斯卡终于得以尽情按她自己的心意，照顾她此时已然年迈的儿子了。现在她是那个带他出门散步的人了，并且她刻意安排了出门的时间，以确保尼采不会冲着她的邻居们大喊大叫。她还阻止他走那条他经常希望去走的致命的道路——那条路由许多在尼采年轻时曾启发过他的思想家所划定，并且在他生命的最后阶段，他又再次回到了这些人身边。其中之一，就是浪漫主义-现代主义诗人弗里德里希·荷尔德林。

在尼采之前将近一个世纪，荷尔德林就已经直面过西方文明的衰落。荷尔德林写作于法国大革命之后，他使用一种尝试融合日耳曼和古希腊思想的风格，试图理解毁灭与创造之间的关系。与尼采很相似的是，他也认为毁灭为新的诞生创造了空间和机会。在题为《在解体中生成》的论文残篇中，荷尔德林写道："然而，在存在与非存在之间的状态中，可能性在各处成为真实……这是艺术中的一个可怕而又神圣的梦。"

与前苏格拉底哲人赫拉克利特一样，荷尔德林也是个"哭泣的哲学家"，他患有一种严重的、在当时被称作"疑病症"（hypochondria）的精神疾病，今天人们会将其诊断为抑郁症或是焦虑症。他的心理问题让工作谋生变得很困难，因此他主要靠母亲的接济生活。在可以自由行动的最后几年里，他每天都弹奏钢琴，"从早到晚"。直到最后，自由的时光结束了，1880年他被送进了奥腾里特精神病院，在那里他被套上了约束衣，并且被迫佩戴奥腾里特面罩。这种面罩是个由皮革和木头制成的嘴套，用来禁止病人讲话或尖叫。荷尔德林需要被强制喂食——我时常想象，地狱也不过如此。此后他便更加迅速地陷入了人们称之为疯狂的状态。

尼采热爱荷尔德林的作品，而且他也必然会对一个在创造的狂热状态中崩溃的人感到极大的同情。然而，他对荷尔德林的深深敬意，可以被追溯到两人共同怀有的、对一位世界观与他们两个最接近的古代哲学家的仰慕。这位哲学家不是赫拉克利特，而是恩培多克勒。恩培多克勒相信，世界的运行基于两个原初秩序法则：爱与恨。他的宇宙观构想了一种永不停息的动态循环：一切事物都因仇恨而分裂，又在爱中合为一体，分而和，和而分，如此往复，无休无止。恩培多克勒称，这就是一切造物的核心和灵魂所在。荷尔德林和尼采都完全能接受这种对现实的描绘。

在阿尔卑斯山区，任何地方都可能暗藏危险。你可以通过选择你的行走路线和方式，来提高或降低危险的程度。我走了通向菲克斯谷的那条较高的山路，它在海拔约 7000 英尺处穿山脉而过。不过，在行走了两个小时后，我暂时停下了脚步，望向头上的山顶处，朝那个方向走的话，就能到达海拔 11200 英尺的特莱莫吉亚峰。我并不格外想要到那里去，但我的确想要登上某座山的山顶。因此我采用了一种青少年时代常常使用的策略，直接沿着垂直方向爬向那条路。这段路也没多远，就几千英尺而已。在年轻时我曾这样做过，而这一次我也确信自己还能做到。

攀爬是一种很暧昧的活动，它处于步行和严格意义上的攀登之间的地带。你需要像野兽那样四肢着地，手臂前拉，双腿上推，全身协同用力。在阿尔卑斯山脉中，你可以走那些既定的可靠路线，它们由瑞士阿尔卑斯登山俱乐部标示了出来（这是由一群年逾八旬的老人组成的登山组织，所有其他运动员的功绩与他们相比都会黯然失色），你也可以自己爬出一条新路来。说实话，我很少见到有其他徒步者选择后者——其实亲眼见过的一个都没有，但我确信大多数攀爬者都在清晨出发，并且都会像我一样，先以最快的速度爬上前一百英尺再说。在几分钟之内，他们就会攀爬到一个你听不见他们声音的高度，继而彻底消失在你的视野里。我不确定自己为什么要这样飞跑着离开步道：可能是因为害怕自己因跨过了某种未被标记出的界线而被抓住，或是被惩罚。也可能仅仅是因为我可以这样做。无论如何，在这个早上，我尽可能地加快步伐。

在阿尔卑斯山间攀爬，需要遵守两条规则（也可能还有其他规则，只是我尚未知晓）。第一条就是需要"找到一条线"——也就是说，找到一条你能活着爬过去的路线。你可以使用一张标注详细的地形图，但我始终觉得那像是在作弊。攀爬者需要找到的这条路线上松动的岩石应该尽可能少，并且不能有任何超过 10 英尺高的垂直岩壁。要当心所有可能打滑的表面——湿滑或结了冰的岩石，并且谨慎地判断靴子每一步的落点——或者，在我的例子中是旧运动鞋。而关于攀爬的第二条规则，则是千万不要被这个词无害的表象欺骗了。听上去，"攀爬"可能远没有"登山运动"显得危险。事实上的确如此，前提是你在攀爬过程中腰间得一直系着安全绳。如果一个登山运动员滑落山崖，我们会期待安全绳能救此人一命。但攀爬者的身上却没有绳索。你得在没有任何助力的条件下一直抓住岩壁，因此需要特别注意不让自己置身险地，不要遇到落入虚空的可能。

攀爬一开始是很轻松的：半山处长满苔藓的草甸为我提供了用以借力的抓手，而且山的坡度也不算陡峭。脚下打滑的话可能会擦伤膝盖，但也仅此而已。我一步步向上攀登，顺利地爬完了第一段坡，没遇上什么麻烦。当然，这只是让我更清楚地看到了上方需要继续爬的路线。又爬上了两段坡后，我已经不记得自己的始发点在哪里了。我试图找到它，但这只是徒劳。或许这并不是我的错，失去关于自己身后那段近期历史的视野，可能正是业余攀爬者的宿命。我知道我的出发点是在距此很远的山下某处，但究竟在哪里只有天知道。我对自己的目的地也只有一点模糊的概念：只知道到了上方某个很高很高的地方，我就会停下。只有在过了几个小时之后，目的地才会显露出来。我发现了一条小路，通向菲克斯山谷上某条无名山脊的顶峰。在接近傍晚的某个时刻，我终于在某处岩石壁架上停下了脚步，它看上去和我一直在寻找的那个悬崖很像。

这个地方已经够高了。我从几乎空无一物的背包里掏出《瞧，这个人》，并暗自发誓只读几页就转身下山，赶在夜幕降临之前。只读几页就好："谁若善于呼吸我的著作的气息，他就懂得那是一种高空的气息，一种强烈的气息。人们必须是对此特别适合的，不然的话，在其中着凉伤风的危险是不小的。"《瞧，这个人》是尼采的自传。这是他处在精神崩溃边缘时所做的叙述。或许正是这个故事给了他许可，让他可以越过那条清醒与疯狂之间的界限。这的确是我读过的所有故事里，最为个人化，也最为真实地不真实的一个了。其中充斥着夸大其词和自吹自擂，突兀的转折和断裂，许多读者认为这是他此时心智已经失常的表现。"我为什么如此智慧""我为什么如此聪明""我为什么能写出如此好的书"，这些都是《瞧，这个人》主要章节的标题。我同意，如果尼采本人意识不到自己的言辞之浮夸，那他就彻底疯了。但这些却都是有自知的、假装出来的吹嘘。

反讽允许人同时说两件事情，实际上，它让人可以在同一句话中传达两个互斥的现实。它让人可以同时言说爱与恨，感激和忘恩负义，拯救和罪孽，高歌猛进和一败涂地。"我是全世界最好的哲学家""我是完美的家长""我有绝对的自知"，此类全然不可信的夸张语句，实际上就是在诚实地表明自己所述有多么远离实情。反讽是有两张面孔者的语言，它让你可以同时做颓废者与其反面。尼采承认："这样一种双重的经验，这样一种向表面上分离的世界的接近，重复出现在我天性的每个方面：我有极其相似的两副面孔，除了第一副面孔，也有第二副面孔。或许还有第三副面孔呢。"

或许这些都是一个疯子的胡言乱语，或者更具体地说，就像朱利安·杨所论证的那样，是双相情感障碍的症状。或者尼采是在引导读者的目光，让他们注意到很大一部分人现实背后的分裂本质，注意到一个人在其成年生活中经历到的那些分裂和断裂。去深切地感受"变老"所带来的、掺杂着智慧的哀伤，去理解一个人的青春并非早已逝去，而是藏匿在某个你永远找不到的地方，去直面自我毁灭，而同时又渴望着创造——这就是与《瞧，这个人》搏斗的体验。为人父母也就意味着在现实中实践责任和个人自由之间的这种割裂——全心全意爱孩子，但同时也在人格中保留一部分不受养育子女这一活动影响的东西。尼采向我们解释了，为什么这种分裂的自我不仅是可能的，而且是不可避免的。

尼采的标题是经过精心挑选的。"瞧，这个人"是本丢·彼拉多在钉耶稣上十字架之前，将他指给众人看时说的话。[1] 这时耶稣已被打得遍体鳞伤，头上戴着荆冠，作为人们对他的最后一项侮辱，还披着国王的紫袍。瞧，这个人，他如此软弱和痛苦。瞧，这个人，他竟然冒称弥赛亚。在卡拉瓦乔于 1605 年绘制的关于这个场景的画作中，彼拉多身穿 16 世纪贵族-学者的服饰，站在耶稣身前，直视着画面外的观众。就好像他刚刚拉开帘幕，正在将未来的弥赛亚呈现在我们面前一般。他的姿势和那只扬起来指向耶稣的手都清晰地说道："看，我早告诉过你们了。他不过是个普通人。"而耶稣就站在旁边，有些人甚至会认为他根本不是这幅画的重点——就只是一个身材中等、凌乱的头发上戴着一顶荆冠的家伙，目光看向地面，像是为自己身处的困境感到羞耻。他身后就是那个折磨他的人，一个奇异的两副面孔的人，正在给这个被定罪者披上袍子，既出于憎恨也出于怜悯。当然，耶稣才应该是那个最典型的分裂的存在——既是完全的人，又是完全的神，但在《瞧，这个人》中，他完全是人性的，

1　和合本《约翰福音》作"你们看这个人"。——译者注

或许还太人性了一点。在《瞧，这个人》的结尾处，唯一还剩下的，就是空空的坟墓这个谜题。

开始下起了小雨。此时已近傍晚，虽然我不大情愿，但还是要尽快离开这里了。我向悬崖边缘望去，看到了一处高约200英尺的断崖，之后坡度渐趋平缓了些。《瞧，这个人》是关于"暴露"的，将自己拉出人群，显露在大庭广众之下，展示身上那些通常被视为禁区的部分。攀岩者们提到"暴露"[1]，也有的时候总是带着那种独特的、混合着钦慕和恐惧的语气，而且他们也理当如此。将自己直接暴露在严酷的自然中，有一种致命的胜利意味。尼采引用了奥维德的一句话"Nitimur in vetitum"，翻译过来就是"我们追求被禁忌者"。他在都灵的最后那段时间，刚刚完成《瞧，这个人》的写作时，著名瑞典剧作家斯特林堡在给他的信中写道："我会的，我会发疯的。"

为什么尼采和荷尔德林都如此被恩培多克勒吸引？这不仅仅是因为他的爱—恨宇宙观。传说恩培多克勒本人也是某种意义上的登山者。有一天，他登上了埃特纳火山，这是一座位于西西里岛东岸处的活火山，比那座更著名的、埋葬了庞贝城的维苏威火山还要大上一倍半。恩培多克勒爬到了埃特纳火山的山顶，纵身跃入了火山口中。

这并不是普通的自杀而已；根据传说，他的死其实是永恒生命的开端：当他被火焰吞噬时就被赋予了不朽。如果你这样

1　exposure 在户外运动的语境中，常有"不带护具或防护服装，直接把身体暴露在恶劣的天气环境中"的意思。——译者注

解读这个故事的话，会觉得在正确的时刻死去其实颇有好处。尼采年轻时读到荷尔德林的《恩培多克勒之死》，并立刻迷上了它。在《瞧，这个人》中他又明确地回到了这个主题："一个人要想不朽，他所付出的代价是昂贵的，在他的一生中，他必须死好几次。"罗马诗人贺拉斯将恩培多克勒之死视作一个典型的创造行动，一个证明了规律的存在的例外——艺术家有这种为了独创性而毁灭自我的倾向，同时他们这样做也是被允许的。

我从被打湿了的书中抬起头来，向山下看去。这时我突然意识到，自己忘记了"找到路"这项任务的一个重要部分：一个攀爬者应该为自己规划出一条可以轻松下山的路线。在干燥的环境里，这算不上什么巨大的困难。但现在小雨下个不停，岩石都又湿又滑。很多被困在山上的游客实际上都不是正儿八经的登山者，而是些攀爬者，他们不慎爬得太高，然后就因为惧怕坠崖不敢往下走了。运气好的时候，会有直升机过来救他们脱离困境，回到安全的区域。上一次造访阿尔卑斯山脉的时候，我就目睹过这一场景：两名身穿红色雨披的徒步者爬到了科尔瓦奇峰上一万英尺高的地方，然后被困在了某条山脊上，无法向前一步。当直升机前去营救他们时，我都为他们感到窘迫。现在我打算在雨中试试运气，但这次我会很小心的。

我缓慢地向山下行进，黄昏也倏然而至。我突然想起了荷尔德林的《恩培多克勒之死》中的一个我之前忽视了的情节。这首诗的大部分情节都发生在埃特纳火山上。恩培多克勒已经到了山上，思考着自己的命运，就在这时，他的亲人和好友们找到了他。妻子恳求他从岩石壁架上下来，再尝试一次过正常人的生活。然而，她的恳求让他更加确信了，下山的路只有唯一的一条。如果一个人需要被别人恳求着离开悬崖边缘的话，那么火焰或许的确有它的魅力。恩培多克勒跳进火山，不是为了获得不朽，而是为了证明他已经超脱了生命这场漫长的苦难。他被火焰彻底烧灼殆尽，几乎一点东西都没有留下来——或许只留下了一样东西。在远离埃特纳火山的某个地方，一只青铜制成的凉鞋从天而降。恩培多克勒的鞋子，是他这场或致命或神圣的试验留在世上的唯一遗物。

或许，《瞧，这个人》就是尼采版本的恩培多克勒之跃。他并不是失足滑落：他清楚地知道自己在做什么。这看起来很疯狂，可能也的确如此，但这疯狂也完全是属于他自己的。

再或者，《瞧，这个人》只是尼采的凉鞋。

我回到林居时，的确已经过了午饭时间。晚饭时间也过了，群山已然被 片黑暗笼罩。卡罗尔会火冒三丈，也是情理之中。我迈进房间门的那一刻，她的情绪就从心急如焚的担忧瞬间转为暴怒。

"你他妈的跑哪儿去了？"她双唇紧绷着，从牙齿缝中挤出这几个字。

我们先安抚了贝卡。贝卡整个晚上都心神不宁，担心爸爸从山上掉下去摔死，或是丢下她不管了。卡罗尔把她带到另一个房间，打开那台自我们入住以来就没开过的电视，并把音量调大。这说明情况不妙。

在这次旅程开始的时候，卡罗尔的脾气是很温和而愉快的，但是最近这几天，随着我自己进山的次数变得越来越多，时间也越来越长，她也渐渐失去了耐心。现在她已经忍无可忍了。卡罗尔回到房间里，用那种只有康德主义者才会使用的方式，平静、不留情面、无可辩驳地训斥了我。不，她不接受我那些虚弱无力的自辩。她指责道，我一直执迷于那些不成熟的胡言乱语，是对我的存在主义向导本意的误解。我就是个自命不凡的混蛋。我背弃了我们之前共同做出的平分育儿职责的约定。一个人去山中徒步，将照料贝卡的任务全扔给她，是什么意思？如果我这么想一个人行动的话，或许她应该干脆带着贝卡回家，这样我就可以彻彻底底地一个人变老和发疯了。

毫无疑问，她是对的。最后我道了歉（我认为是真心实意地），许诺以后再也不会突然不辞而别，独自上路（我认为是真心实意地），然后就过去给贝卡洗澡，帮她做睡前准备了。一切本来都进行得很顺利，直到我去帮她刷牙的时候。贝卡通常是个温顺可爱的孩子，我几乎认为她从来不会发火。平时她都会乖乖张开嘴，露出小小的白色牙齿来让我刷，但今天晚上不行——她给了一个短暂地玩忽职守的父亲所应得的惩罚。

在还没开口叫她张开嘴巴的时候，我就看见她的咀嚼肌紧绷了起来。然后她只是摇头。我又把请求重复了一遍，她这次倒是张了嘴，但只说了"不，谢谢"，就又坚决地闭上了双唇，喉咙里发出恶作剧式的笑声。我提高了声音，但这只是让她的嘴唇闭得更紧了。这是她和我开的一个玩笑——我知道这一点，

　　　　　　　　　　　　　　　攀登尼采

但我却笑不出来。我没有给她讲过尼采的狮子的故事，那个会对权威说"不"的自由的灵魂，也没有讲过赫尔曼·麦尔维尔的《抄写员巴特比》，这是一部短篇小说，写于1853年，作者在其中探讨的是一种尼采式的可能性：人通过自毁性质的拒绝服从行使其自由。但是，有些孩子生来就学过这一课，而她现在正在将这些策略用在我身上。

麦尔维尔笔下的巴特比是一个华尔街律师手下的抄写员，他缓慢地，有条理、有计划地逐步拒绝处理职务要求他完成的工作。但他并非总是如此，他一度是完美员工的化身（开朗、忠于职守、对上司言听计从）。然而，某天他第一千零一次被要求校对某则乏味的法律备忘录时，突然"啪"的一下折断了，没有给出任何明确的理由。他只是简短地回答道："我宁愿不这样做。"（I would prefer not to.）自此之后，这句回答就在整篇小说中反复回响——当别人交代他工作的时候，他"宁愿不这样做"；当被勒令离开事务所的办公室时（因为，显而易见他被解雇了），他"宁愿不这样做"。我们当然想知道为什么他宁愿不做这些，但找不到原因。巴特比不需要讲出某个理由。这是个关于行使意志的故事。他不断地拒绝一切东西，最后甚至拒绝了食物和水。于是四天后，人们发现他因脱水和饥饿而死掉了。千真万确，像石头一样冰冷地死掉了。

贝卡的巴特比生涯开始于两年前的一句"不"——她郑重其事、毫无缘由地拒绝了我让她自己去穿鞋子的请求。在一切意义上，那个请求都是合情合理的。我们打算去她非常喜欢的那个公园，而去公园就需要穿鞋。最后我设法给她穿上了鞋子，然而麻烦并没有到此为止。在那天晚饭时分，以及之后的很多个晚上，那句简单干脆的"不"逐渐变成了一句吐字无比清晰、冷静得令人担心的"不，我不愿意"。不，她不愿意吃豆子，或是橙子，或是葡萄，或是酸奶，或是意大利面。不，她不愿意在桌子上吃它们，也不愿意在沙发上或她自己的小椅子上吃。她在任何地方都不愿意吃它们。我当时被她搞得茫然无措——即使到了现在，大体上也仍然如此。贝卡让我懂得，这个短篇小说之所以让人读来心烦意乱，就在于它反映了一个关于我们自身的深刻而令人不安的真理。这个真理是由许多19世纪的作者，如麦尔维尔和尼采等人逐渐揭示出来的：尽管我们在生活中会遵循各种理性的习惯行事，但在这些日常惯例的背后，每个人的内心中都藏匿着那么一点无法解释的神秘之物，它有能力选择脱离这一切——尽管这可能违背我们更明智的判断。而我现在无比想要消灭的，正是贝卡身上的这种东西。

卡罗尔把头探进浴室，脸上几乎露出了笑意。"凡事皆有报应啊，孩子他爸。"

我记得自己曾经以为，所谓"可怕的两岁"只是孩子成长中必经的一个让父母格外伤脑筋的阶段，等到小家伙们牙出齐了就会过去。对于许多乐观的家长来说，这个阶段是孩子自主意识的萌芽期，他们开始为自己的生活做决定（而非听任外界力量摆布）了。而家长只有妥善地培养孩子这种自主性，才能让孩子们最终成长为负责任的成年人，成为一个秩序井然的社会中运转良好的成员。但是，我与《瞧，这个人》，以及我家中的小小尼采主义者度过的这一天让我怀疑，这只是些一厢情愿的妄想。

自由许可了我们作为负责任的主体而行动，但它同时也允许我们不这样做。至少在某些情况下，正是那种我们想要在子女身上培养的东西——自由的意志，反而让我们失去了自己无比深挚而痛彻心扉地爱着的小孩。这种可能性是我们最恐怖的梦魇。出于许多众所周知的原因，养育一个年幼的孩子十分困难。但至少对于我这个父亲来说，归根结底，其中最大的痛苦并不在于她如何违背我的具体意愿，甚至就算她将来永远不会听我的话，也没有多大关系。这痛苦只关于恐惧。我恐惧的是这个小小的生命完全可能执着地、欢欣鼓舞地无视那些显然符合她自己最大利益的东西，而同时我却与她血脉相连，密不可分。

贝卡仍然双唇紧闭着，笑个不停。我记得荷尔德林的面罩，也记得我自己父亲的育儿策略，因此我深知将强力施加于一个人的身体动作上，可能会造成持续终身的影响。我不会做这种事，至少今天不会。贝卡从浴室里跑开了，溜进了卧室。她赢了；如果她想让牙齿坏掉，也随她去好了。

恩培多克勒或尼采是如何在自己身上培养出这种将他们引向山中的存在主义反叛精神，或者说存在主义勇气的？可能其源头就是类似这样的东西——对"做符合自己的明显个人利益之事"的直接拒绝。这样的拒绝中，有着某种肯定生命的欢欣——即使是生活得最如鱼得水的人，也会在某些时刻感觉到它的吸引力。这就是自由，明知不可为而为之的自由。我关上卧室的灯，心里暗自希望我的女儿不要成为哲学家。我确信，这不会是我最后一次这样希望。

荒原狼

那幅画——也就是我们称之为生活和经验的东西是逐渐生成的，而且仍然完全在生成过程中，因此不应该被看作只是固定的大小……

——弗里德里希·尼采，《人性的，太人性的》，1878 年

我们的行程来到了最后一天。刚一醒来，我就整理了床上的被子，最后一次抱了抱卡罗尔，然后又开始了黎明前的游荡。我以为自己在黑暗中从行李箱里摸索出的那本书是尼采的《敌基督者》，但后来发现它其实是一本薄薄的小说，作者是另一位在尼采死去几十年后入住林居的隐士。我想起了这本书正是我想要重游此地的原因之一。此时是凌晨 4 点，距黎明破晓还有两个小时，一轮满月正高挂于马洛亚山口之上。我朝位于旅馆角楼处的尼诺的房间走去。房门上了锁，但台阶下正好有个沙发可以让我舒服地坐下来。

与阿多诺、托马斯·曼和马尔库塞同一时期经常光顾林居的，还有另外一位著名人物。他在这里一共住了 370 天，入住的是旅馆里装饰最朴素的客房。他的生活习惯也同样低调，大多数时候人们都注意不到他的存在。他是个瘦骨嶙峋的男人，下巴和鼻子的线条尖锐。然而在他瘦弱的身体里却有着超乎常

　　　　　　　　　　　　　　　　　　　　　　攀登尼采

人的力量，这得益于在阿尔卑斯山中多年的滑雪训练。当他露出笑容的时候——至少在照片里是这样的，嘴唇仍然紧闭如一条直线，而两只眼睛却炯炯有神地圆睁着，整张脸看上去有种显著的不协调感。托马斯·曼是他的密友，并且妒忌他：用托马斯·曼的话说，"他在精神的自由方面远胜于我"。这个人看上去比他的实际年龄年轻许多，即使在生命的最后时刻，他仍然在顽强地抵御着身体机能的退化。如果要评选哪个入住林居的客人最接近尼采本人的精神气质的话，那就是这个人了。他就是赫尔曼·黑塞，诺贝尔奖获得者，我手里那本已被翻得破旧不堪的小说《荒原狼》就是他的作品。

黑塞生于 1877 年，几乎刚一出生就是个"问题儿童"。他很早就显现出固执、独立的性格倾向。他的母亲是这样描述四岁时的黑塞的：

> 小家伙的身体里有种生命的劲头，难以置信的力量，强大的意志，和……着实惊人的头脑。他是如何能表达出这么多、这么复杂的一切的？每天看着他与自己身体里暴君般的脾性以及剧烈的情绪波动永无止境地缠斗，这让我内心备受煎熬……上帝塑造出这样桀骜不驯的灵魂，一定是准备让他成为高贵而伟大的人物的——然而我常常感到恐惧，不知道这个充满激情的年轻人会变成什么样，如果他没有得到正确或强有力的教养的话。

我猜想，黑塞是那种很容易令人喜爱，也很容易遭人反感的孩子。实际上，他的父母踟蹰了很多年，无法决定是要把他留在家里自己照料，还是送出去交给专业人士教养。他父亲回忆道，尽管这样做让家人感到难堪，但可能还是"把他送进某个专业机构，或者交到陌生人手里"比较好。黑塞是敏锐的——在一切事情上都是如此，所以他从一开始就能觉察到父母的暧昧态度。这种觉察很快就发展成了恐惧和愤怒：他知道父母随时都可能弃他而去。

还在青少年时期，黑塞就开始有头痛和失眠的症状，而当他13岁被毛尔布龙声名显赫的教会学校录取之后，这些病痛又进一步加重了。他的学校生涯只持续了不到一年。最终，他被安置到了德国南部巴特博尔的一个牧师家中生活。与尼采一样，黑塞第一次恋爱经历也是场灾难。15岁的时候，他向当时22岁的欧金妮·柯布求爱。被拒绝之后，他买了支手枪，并带着它消失了，过了一天才再次出现。他来到了深渊的边缘，又全身而退了。同年9月（注意，他这时仍然只有15岁），再次陷入沮丧失落的黑塞渴望着他的左轮手枪："现在我但求一死！……我已经失去了所有的一切：家、父母、爱情、信仰、希望、我自己……"此后那年，他设法去了斯图加特，卖掉了一部分让他变得如此博学的哲学书籍，并用得到的钱买了另一支枪。不过这第二支枪至今还没有开过火。

和其他许多年轻人一样，黑塞也是在17岁时开始阅读尼采的。那是1895年，他当时住在巴塞尔——尼采的哲学事业起步之地。当时尼采的身体状况已经严重恶化了，只有依赖其妹妹伊丽莎白和母亲的照料才能生活。伊丽莎白于1893年回到欧洲，在此前的 1886 年，她曾与丈夫伯恩哈德·弗尔斯特一道迁居巴拉圭。弗尔斯特是个积极高调的反犹分子，曾希望在南美洲建立起一个基于"纯粹的条顿文化"这一构想之上的"新日耳曼尼亚国"。发现这个乌托邦计划破产之后，弗尔斯特自杀了。此后又过了四年，他的妻子也就是尼采的妹妹回到了她在瑞士的家。在未来，伊丽莎白将会以其他更为隐秘的方式来继续推进他们在政治上和意识形态上的议程。

1895 年在尼采的创作生命中是很重要的一个年份。他此时享有的名声之隆，已是他在事业的中间时期所未曾预料到的。真正的学者，比如黑塞，已经开始仔细研读他的作品，试图理解其中可能暗示出的微妙含义。在 1888 年他最终精神崩溃之前，尼采就已经写出了《敌基督者》的大部分内容，但因为它的性质过于激进，直到 7 年后这本书才得以出版。当它最终于 1895年面世时，人们将其视为尼采整体哲学的一个概要。这部书的标题经常被追溯到《圣经》中提到的"那敌基督的"，但实际上它更多地是关于那个拒斥传统神学和对神圣之物的信仰的"不法的人"（man of lawlessness），而非真正的基督之敌。"不法"（lawlessness）暴露出的是对宗教信仰最终的消解，它标志着现代文明的末路。根据《圣经》的说法，"那敌基督的"最终会被耶稣的第二次降临所摧毁。但尼采对故事的这个部分并没有很重视。《敌基督者》是尼采对基督教奴隶道德最尖锐的攻击，是一个思想者试图超越现代世界的定义性特质——它的软弱、它的怜悯和它对复仇的饥渴——的最后尝试。随着 19 世纪走向尽头，越来越多的个体读者开始与《敌基督者》中的这个理想产生共鸣，黑塞就是其中之一。

　　有些反讽意味的是，尼采在他生命中的最后十年里几乎完全失去了自主行为能力，然而那十年却也是他作为哲学家的声望得以确立的关键时期。正是在那十年里，黑塞这样的读者开始认真地阅读他；同样是在那十年里，尼采的妹妹开始了对他文学遗产的独家接管，他的作品开始被用于日耳曼民族主义煽动家的政治宣传中，此后这些人终将把尼采那"用锤子从事的哲学"拿来为第三帝国张目。在他们的母亲去世后，伊丽莎白把她的哥哥带到了魏玛，她希望在那里组织起一个尼采的个人崇拜团体，但未能成功。但她成功地在魏玛建立了一个尼采档案馆，1934年时希特勒正是在这里拍下了那张与尼采半身像的鼻尖相碰的亲密合照。这些都不是尼采本人的作为，而且必然并不符合他的本意，但事情仍然这样发生了。人从来都无法掌控自己身后的遗产或是声名。

　　尼采的很多作品都表达了一种对未来的持续担忧，他声称他的哲学永远都只会在"明天之后的那一天"才能被人们所理解。在《敌基督者》中，尼采写道，有些人是在死后才出生的。他很可能是对的，鉴于他自己只有在几乎已经停止写作之后，才进入公众的视野并获得了恶名。死后才被人理解的麻烦在于，别人误解你，要比误解那些活着的人容易得多。而伊丽莎白的确误解了，或者更有可能的是，故意曲解并利用了她的哥哥。他那些关于"不落俗套"和自由的论述，充溢着自我反思性质的反讽的文章，竟然会被用作纳粹的政治宣传，始终是19世纪与20世纪哲学史上不折不扣的悲剧之一。谢天谢地，我们还有黑塞这样试图保存和延续贯穿于尼采后期作品中的精神气质的思想者在。

　　黑塞并非尼采亦步亦趋的信徒。在许多方面，他初时跟随尼采，但只是为了准备最终的离开，拒斥尼采在《查拉图斯特拉如是说》中关于主人道德的叙事。权力意志这个观念似乎过于简单且徒劳，特别是考虑到尼采后来也承认衰朽和颓废的趋向是注定无法逃脱的，但黑塞仍然钦慕《查拉图斯特拉如是说》的写作技艺。因此，黑塞并没有多么关注查拉图斯特拉充溢着张扬和自负的布道内容本身，而是专注于这个人物本身性格的复杂性，亦即查拉图斯特拉（和尼采本人）是如何表现一个复杂多面的人格中的内在冲突的。黑塞问道，是否有这样的可能性，即被这种无止境的紧张冲突所困扰，就是人之为人的根本命运？

　　对于黑塞，这种分裂并不是疯狂的表现，而是仅仅说明了此人还活着。他指引读者回到尼采那里，用尼采本人的话来说，他想要拥有的不是一个不朽的灵魂，而是许多不同的会死的灵魂。有许多原因造成了《瞧，这个人》不易理解，其中之一就是，尼采本人同时既是又不是许多许多种事物。无论在黑塞还是尼采笔下，我们都不清楚这繁多的灵魂能否长期正常地相安无事。从1919年的小说《德米安》开始，黑塞就燃起了对尼采的兴趣，随着他开始探究这个分裂的自我的命运的问题，他的作品的质量也有了明显的提升。

我是在 30 岁时读《德米安》的，当时我正在结束我的第一段婚姻。黑塞结了三次婚，而《德米安》又是一个关于人长大成人的故事（a coming-of-age story），因此我觉得它或许可以让我得到一些洞见。当时我已经和卡罗尔相爱了（此事发生在我离婚前很久），我开始思考一个对我自己而言的困难问题，这个问题可以被表达为两种不同的形态：如果一个人对生活感到如此的不满，他又如何能够以正确的方式去爱呢？或者，一个如此沉溺于自身之中的人，如何去爱另一个人呢？在同一时期，我也阅读了许多美国哲学家的作品——拉尔夫·沃尔多·爱默生、威廉·詹姆斯、乔西亚·罗伊斯，他们也对超越（transcendence）与爱的可能很感兴趣。《德米安》在这时出现得恰到好处。

黑塞的《德米安》讲述了一个名叫埃米尔·辛克莱尔的男人的故事，他需要从日常生活的种种疲惫和错觉中得到救赎。他狂热地寻找某种不一样的东西，某种超越了浮浅表象的东西。辛克莱尔为自己找到了两个导师——马克恩·德米安，以及德米安的母亲伊娃夫人。一开始，德米安似乎只是他非常聪慧的童年伙伴。当二人一起上坚信礼课（confirmation class）的时候，德米安俯身对辛克莱尔说："你一直都知道，这个我们被准许拥有的世界只是全部世界的一半。你试图……"尽管被禁止，被隐瞒，但这种对超越性事物的需索，仍然成了贯穿辛克莱尔一生的沉默的主题。在阅读这部小说的过程中，读者会渐渐意识到，德米安并不只是一个聪慧的朋友，而是辛克莱尔本人之中隐藏着的另一面，一个只要辛克莱尔拥有恰当的自知，就随时可以去汲取的精神源泉。在全书的结尾处，在战场上负了伤的辛克

攀登尼采

莱尔在德米安的帮助之下，发现了自己有自救的能力，而读者也假定他的确这么做了。

如果你觉得这听上去有些简单或是老套，也是情理之中。但对于当时即将进入一段新关系的我来说，它堪称完美。德米安对自我的探索，以及"真实"与"理想"最终的合而为一，正是我们希望通过再婚所求得的。从破裂婚姻的灰烬中走出的那个被击垮的不幸的人，终于设法以某种方式接近了理想。

《德米安》是一个关于内在力量和自知的胜利的故事，但在现实中，这类胜利常常短暂而经不起推敲。这也就是为什么，又过了十年，在黑塞的第一段婚姻失败之后，他又写出了《荒原狼》——这部小说经常被人称作尼采的心灵传记。它也是一部黑塞本人的小说体自传。当然，对这部小说最显而易见也最直接的概括是，它是关于一个半人半野兽的人物哈利·哈勒尔的故事。随着我的第二段婚姻走进第六个年头，我对这个故事的感触也越来越深了。

近来，《荒原狼》成了我最爱的作品，但我那天清晨时分在林居对它的阅读却并不顺利。我读得很慢，在黑夜和白昼之间的那段意识恍惚的状态中，我总是来来回回地读着同一段文字，没法越过开头那几页：在那几页中，一个中产阶级叙述者告诉我，他发现了某个前租客，名叫哈利·哈勒尔的沉默寡言的先生留下的手稿。

然而，哈勒尔的沉默寡言只是种表象。哈勒尔相信——他自己知道，在自己日常生活中温文有礼的举止背后，藏着的是一只野兽，一只来自高处荒原的狼，一个真正的"遍体毛发的啸叫者"[1]。这个可怕的真相像影子一样，在每一个清醒的时刻都不离他的身旁，中午阳光直射时它会缩小，但随着时间推移，天色渐晚，这个阴影就会变得巨大无比。叙述者称，如果他相信哈勒尔的状况只是个特例，可以被确定为"某个单一、孤立的案例，由病态性情导致的怪诞的胡思乱想"的话，他就不会费这么大劲来讲这个故事了。但哈勒尔并不是个特例。"我在其中看到了更多的东西，"叙述者继续说道，"我将其视为对这个时代的记录。"这是一种时代病症，而它"绝不仅仅侵袭那些软弱的、无价值的人……"

我的思绪又一次涣散了，于是我站起身来，想去大厅倒一杯咖啡，以使自己阅读时可以更专注一点。但走到一半时，我发现太阳已经完全出来了，我的家人也已经起床，正在朝着餐厅大门的方向走过来与我会合。我们会吃一点酸奶和麦片，跟贝卡在旅馆前面的游乐场上玩一会儿，然后把她送到一个临时托儿所里，和她在这次旅行中认识的几个德国小伙伴一起。然后，我和卡罗尔会最后一次徒步进入菲克斯山谷——可能是尼采最爱出没的地方。

1　hairy howler，与他的名字 Harry Haller 音近。——译者注

我们到达通向山谷的路口时，我终于得出了那个自己这几周来一直在回避的结论：这次旅行失败了。我原本的计划是追寻"超人"的踪迹，结果却把它变成了一场其乐融融的家庭活动——充满温馨的时刻、日常琐事和贝卡的玩伴约会。我试图重获自由，再次踏足我年轻时曾走上的道路，然而却被种种家庭义务牵绊，无法脱身。这场旅行逐渐变成了一次以纪念尼采为名义的度假，却与尼采本人的精神相去甚远。我发现自己无法，抑或是不愿阻止它渐渐沦为世俗生活的一部分。哈利·哈勒尔有过相似的念头，但和我们大多数人不同的是，他放任自己去沉浸于这些念头："我心中极度渴望强烈的感受，渴望轰动的事件，心中燃烧着怒火，"他写道，"心中充满着想砸毁什么东西的极强愿望，比如砸一家百货商店或一座大教堂或者我自己。"

　　我带着这些疯狂的念头，与卡罗尔一起进入了菲克斯山谷。我刻意走得很快，心里明白我们是无法一直保持以这种速度行走的，至少卡罗尔不行。我想知道这个问题的答案：如果我们两个一起走的话，最快可以走多快？然而我没有等到答案。或者说，等到了一个意料之外的答案：20分钟后，我正要爬上一座小山时脚下打滑，扭伤了膝盖——我到达锡尔斯-马利亚后的第一个星期里，那只膝盖就受过一次轻伤。卡罗尔放慢了脚步，以便我能跟上。我小心翼翼地拖着脚走在她身后，对自己感到愤怒。哈勒尔是个受过良好教育的人，但"他有一点没学会：满足于自己和自己的生活。他是个不知足的人。之所以这样，很可能是因为他时时刻刻打心眼里知道（或以为知道）他根本不是人，而是来自草原的狼"。

低处的这条山路上徒步者比平时要多些，就好像周围村庄的所有居民都特意选择了今天过来看我的笑话一般。在这样的清晨时分，冰蚀谷的入口处通常都是被安安静静地封闭起来的，我也希望如此，但今天里面却已经有好几个远足者了，他们正坐下来吃着苹果薄酥卷饼。我们经过路旁临时搭建的餐馆，正要往群山中走的时候，一对德国夫妇向我们点头致意，然后我似乎听见风里飘来了他们的说话声——"Schafe, Schafe, Schafe."我心里一沉，他们一定是在取笑我：他们的话翻译成英语就是"绵羊、绵羊、绵羊"。我紧握住卡罗尔的手，尽量让自己享受在这里的最后一天。

在我看来，阿尔卑斯山脉中最壮丽者，并不总是那些山顶终年积雪的高峰。它们是遍体翠绿的山麓丘陵，其间错落点缀着瀑布和步道。然而在阿尔卑斯山里，山麓丘陵并不是些平缓的低坡，而是如一面面高墙般完全遮住了它们背后所通向的真正的山峰。它们从地面上高高耸起，直指苍穹。我们行走的方向就刚好与其中某一面绿色高墙相平行。而我现在走得慢了一些，便有机会细细欣赏风景了。山脊位于一英里之外，横穿过完全平坦的冰川平原。我必须用力仰起头才能看见这座绿色"小山丘"的顶部，它占据了我的整个视野。唯一能显示出山脊实际上还很远的迹象，就是山脚周围忙碌行走着的那些深色"小虫"，它们只可能是一群牛。完全失去比例感，是任何山间的长时程徒步所不可避免的后果之一。

卡罗尔停下脚步，把我拉近到她的身旁："谢谢你带我们来这里。"她低语道。

我把脸贴在她满头卷发的脑袋上，从她的肩头望向山谷。一片云朵飘来遮住了太阳。随着山脊沉入黑暗，它顶端和底部的边缘似乎都在轻轻震动，几乎可以听见它们发出的声响，像是牙齿在咬紧。这是一片虚无背景下的自由。我这一周大部分时间都在一直不停轻咬自己的下唇，此时终于把它咬破了。

接下来我看到了它们——最开始只有几只，排成一条直线在山脊的顶端奔跑——我年轻时曾梦见，但从未找到过的岩羚羊。

在《善恶的彼岸》中，尼采坚称："这里，在最遥远的冰和岩石的国度之间——这里，居住者必须成为猎手，像羚羊一样。"带着终获胜利的语气，我把它们指给卡罗尔看。我以为我们离得太远了，所以才看不见雄性岩羚羊头上短而弯曲的角。在交配季节它们会用这些角搏斗，以获取雌性的青睐，有时这些打斗可能颇为惨烈。在非人类的物种中，对抗性的冲动才是常态而非例外。我从没亲眼见过 1 只岩羚羊，更不要说 5 只列队奔跑的了。它们是绝佳的攀爬者，而且在我的记忆中，它们群居却独立，一年中的多数时候偏好在由同性岩羚羊组成的小群体里生活。我把这些都讲给了卡罗尔听，带着只有中年哲学家才能设法唤起的那种镇定自若的自豪感。那 5 只动物在我们头顶上很高的地方跑过。然后又跑过 5 只。然后又是 5 只。

"这些不是岩羚羊！"卡罗尔脱口而出。它们是绵羊，总共有数十只之多。她的笑声在山间久久回荡。后来回想这一刻时，我也看到了这个情景的滑稽之处：我们本来是在与尼采这个"温驯"和"从众"的死敌一道徒步，却在这条路上被羊群甩在了后边。这些绵羊在高山上显得敏捷自在，如履平地。卡罗尔和我继续前行，跟在这些毛茸茸的旅伴身后向冰川地带走去。过了一会儿，另一群绵羊又经过我们身边，这时我才发现我们上方的山崖上到处都是绵羊——至少有100多只。开始的时候我把它们看成了岩石，但其实它们都在或快或慢地移动着，从远处看上去，那些比较迟缓的就显得像是静止的。我们在同时移动，向同一个方向前进着。

卡罗尔和我尽可能快地穿过了山脚低地区域，时不时抬头看看自己有没有被这些新旅伴落下太远。这些动物正在一起前往某个目的地，我们俩也是一样。我确信，我们将会一起到达海拔8000英尺的冰原地带，然后在那里草草结束这次阿尔卑斯山之旅。但至少此时我们还在慢慢地行进着，这让我有时间去思考哈利·哈勒尔，和他介于文明和狂野之间的、只是部分被驯服了的本性。

实际上，在《荒原狼》的大部分篇幅里，哈利分裂的自我都是他的存在中痛苦和欣悦的根源。他此前曾是个公共知识分子，甚至做得还算颇为成功，但后来他失去了工作和家人，开始拥抱一种孤独的、狼一般的生活方式。他坦承："我也喜欢对比，我的生活，我孤独的、随便的、忙碌的生活与这种家庭和市民的环境形成了对比……我虽然憎恨市民，但它还是有感动我的东西。"哈勒尔被这种分裂的现实深深吸引，无法抗拒地被拉向它的方向——就像一个人被绑在马上拖向绞刑架一般。中年生活的到来对于哈勒尔来说（就像对于其他许多人一样），意味着悔恨的开始。"过去了的事没什么可惜的，"哈勒尔解释道，"我是为今朝今世可惜，为现今我失去的无数的日日夜夜可惜，这些日子我都是在苦熬，它们既没给我带来礼物，也没带来觉醒的震荡。"

哈勒尔的失落是真实的，但他过着总体上舒适愉悦，甚至可以说享有许多特权的生活。他的生活总体上可以被称作智性的，每天与哲学和高雅文化为伴。他过去的生命中一直"在不幸的迷宫里游荡，最终导致了厌世和虚无；敌视所有属于人的事务；然而这种生活却积累了财富，值得为之骄傲的财富。尽管悲惨、痛苦，但他过着的仍然是一种贵族般的优裕生活"。哈勒尔身上的这个属性始终困扰着我：贵族般的优裕生活为什么会最终通向弃绝世俗和愤恨呢？随着我渐渐开始学着享受成年生活，这种困扰就变得越发强烈了。优裕的条件和闲暇并不能减轻存在危机造成的影响，反而更加强化了这种感觉：无论你如何努力摆脱空虚感，生活总会是让人不满足的。现代生活的很大一部分都是以获得物质成功为导向的，然而只有当你已经达到了物质成功之后，它的空洞才会清晰得令人难以忍受地显露出来。

夜里，哈勒尔会在街巷间游荡，并且小心地注意避免往家的方向走——尽管家里也没有任何东西在等待他。某天晚上他在城中游荡的时候，与一个手持标语牌的男人擦肩而过，标语牌上面写着：

敌基督者[1] 的晚间娱乐

魔幻剧院

不可人人入内

　　尼采的《敌基督者》正是以完全相同的方式开篇的。"这本书属于极少数人。"这就是哈勒尔一直在寻找的东西，一个通往与他正常而有意识的生活迥然相异之物的专属入口——对成为"不法的人"的许可。《荒原狼》讲述的就是哈勒尔缓慢、曲折地前往魔幻剧院朝圣的故事，后来我们发现那座魔幻剧院其实是个存在于他心灵中的隐喻性的游乐场，充斥着门、镜子，和来自他几乎被忘却的过往的人物。在哈勒尔日常生活的表面之下，都潜藏着些什么？不可言说之物中又蕴藏着什么奥秘？最后我们知道，那里不只有"荒原狼"，即一个不满足的人的兽性的影子——它更为疯狂，但同时也更充满希望。

　　我又滑倒了，这次是踩到了某种油一般的东西，左侧身子重重摔在地上。卡罗尔回头时，看见她的丈夫直挺挺躺在一种浓稠、近似于黑色的物质上。我们离冰川还有一英里，步道旁一条小溪从山中潺潺涌出，化成一条清澈的蓝色湍流落下山谷。在附近吃草的牛群来到小溪旁喝水。更多的绵羊不断涌上山脊，足有上千只，同时向同一个方向前行。我从地上爬了起来，嘴里有血和动物粪便的味道。要是我们能爬得再高点，离这些见

1　本文译林出版社版均译作"无政府主义者"。本书中译作"敌基督者"。——译者注

　　　　　　　　　　　　　　　　　　　攀登尼采

鬼的牲畜远点就好了。我继续转身往山上走，卡罗尔跟在我身后。这些天来我一直过度行走，而且只吃很少的东西，这样做造成的眩晕感已经持续了数日，但我刻意无视了它，甚至还有些享受这种体验。在最后一刻，我终于还是垮了下来。迈出的每一步都像在油面上滑行。我们在小溪上方几百英尺处找到了一块平坦、被太阳晒暖了的岩石，卡罗尔说服我坐了下来。

绵羊们也放慢了脚步。它们遇到了一个裂谷，无法继续前行，于是在我们头顶约 1000 英尺高的地方挤成一团，阻塞了道路。低头朝山谷下面望去，我们能看到更多的动物正要上来。在这个距离上，不断壮大的畜群看上去只是绿色背景上的一大片模糊而静止的东西。绵羊发出的声音和溪流的水声混杂在了一起。我躺倒在岩石上，头靠着卡罗尔温暖的大腿。周围的一切渐渐没入黑暗。在《杂乱无章的观点和箴言》中，尼采写道："那些我们在清醒时既无法知晓又感觉不到的事物……在梦中却能被完全、确定无疑地理解。"

太阳高悬在头顶正上方。我感觉到的只有溪流奔涌的声音和头颈下岩石的触感。羊群和卡罗尔都不见了。他们的消失并未让我困扰，我甚至觉得一阵轻松。说到底，他们不在了才更好，我终于可以真正地轻装前行了。这些念头不由自主且毫无哲学意味地从我的内心深处涌出。我以一种相似的方式站了起来，将裤腰带向下卷了几圈，让它紧紧卡在我此时已重返青春的髋部上，然后朝着冰川的方向奔去。

眩晕感一扫而空，而且我的步伐这些天来第一次——可能也是这些年来第一次——变得真正坚实稳定。时间似乎久久停驻在了下午，而我步履飞快，走过了不可思议的距离。我在日落时到达了几十英里外的普拉塔峰峰顶，那是我年轻时未能征服的高山。没有停下来歇息，我又继续登上了科尔瓦奇峰，一直走到遍布砾石和坑洼的冰川地带才停下脚步。气温下降了，我的舌根处开始一阵阵打战。耳朵也开始流血——流得不多，正好够均匀地滴落在我的肩膀和胸前。我可以在这里躺下休息，但我知道黑夜将会带来什么。

最后，我回到了这里：那条将科尔瓦奇峰一分为二的裂谷，它就横跨在我面前的道路上，将近6英尺宽，200英尺深。这个规模正合我意。太阳已经沉落，黄昏的最后一缕暮光也即将消散无踪，而我正面对着的虚空黑暗幽深。因为裂谷极长，看上去两端似乎有着微微的弧度，就像黑塞笑容中翘起的嘴角。裂谷微笑着，轻柔地呼吸着，召唤着我过去。

我将背包放在了这片虚空的边缘，脱下鞋袜，将它们和外套并排摆放在结冰的地面上。我剥下身上的所有衣服，仔细叠好衬衫和长裤，然后把背包压在上面，以免它们被风吹走。我最后一次擦掉耳垂上的血，弯腰检了深渊边缘地面的结实程度。我可不想一脚踩空滑下去。恩培多克勒，尼采，雷，尼诺——我要确保我的突然坠落不会被人误以为是事故。

成为你自己

他俩默然无语地倾听河水流淌，对他们来说，这不是流水的声音，而是生活的声音，存在的声音，永恒变化的声音。

——赫尔曼·黑塞，《悉达多》，1922

我醒来时，嘴里有血的味道，还有一块小而尖锐的石子刺进了我的左边耳垂。手臂完全失去了感觉，鞋子里积起了一摊热乎乎的液体。

在让我靠在她腿上许久之后，卡罗尔的双腿被压麻了，于是她轻轻把睡着的我的头部移到了她身旁的地面上。之后我又翻了个身，把左脸埋进了坚硬的花岗岩里。她为我遮住了大部分的日光，但我的小腿和双脚仍然被暴露在温暖的阳光中。

绵羊又出现了，一大团白色羊毛在山腰处聚集成厚厚的云。我睁开眼睛，抬头凝视了卡罗尔许久。她最终注意到了我在看她，然后把腿重新垫在了我的头颈下面。

"它们要过来了，亲爱的。"她指着山谷说道。

裂谷前羊群的"交通阻塞"终于解除了，绵羊们一只跟着一只，转身涌向山下，跳跃着越过崖缝和沟壑，轻盈灵巧的腿让它们像在飞行，又像在漂浮。它们并没有奋力奔跑，只是在让重力自然地发挥作用。这很美，如果接受它有一点点荒诞的话。现在它们的叫声已经盖过了溪流的水声，完全清晰可闻了。我开始数它们有多少只，但数到490的时候就乱掉了。这些羊至少有1000多只。它们中没有一只会从悬崖上跳下去。

卡罗尔开玩笑地说，如果我们两个被这群动物踩踏而死，倒是个很妙的事情——两位哲学家最后被羊群踩死。这个念头太超现实主义，太滑稽，所以它只可能是事实。耶稣啊，真的很好笑呢，我放声大笑，笑着笑着就哭了起来。在某个时刻，卡罗尔意识到我实际上是在大哭，我以前从没哭得这么大声过。她抱着我，静静地等我哭完。

我擦了擦眼睛。这17年来，一切都没有发生任何变化——山谷没变，步道没变，溪流没变，绵羊没变，爱没变，生活没变，死亡也没变。将来也永远不会变。或者说，它们将以完全相同的方式改变。爱与恨亘古永在。我曾多次到过这里，曾登上科尔瓦奇峰，也曾到达过白山山脉中的高处。生命中的每样事物，每一种激昂，每一次震颤都始终如一。但我那个下午在菲克斯山谷中的梦，在我身上造成了某种影响。直到现在，有时我还能感觉到这种影响。它只是给了我一个提示：虽然生活不会改变，但你面对生活的态度却可能会变。而这种改变绝对非同小可。事实上，这可能是所有有意义的改变中唯一可能的。有那么一会儿，我感到很高兴，是真情实意地高兴自己仍然身在原地，而不是在其他的什么地方。那些令人生畏的深渊，存在的恐惧，缺失和被剥夺的感觉——现在都不重要了。在最坏的情况下，它们只是我臆想出来的幻觉。就好像我在做了一场漫长而令人灰心的探究之后，终于得出结论，或者说终于意识到，自己一开始提出的问题就是错误的。在那片刻间，我既不惧怕任何东西，也不渴望高山或深渊。然而这种感觉转瞬即逝，疑虑又回来了，而《荒原狼》仍然陪伴着我。

《荒原狼》在大众中流行起来后，黑塞评论说，这是他所有书中被误解得最多的一本。它不像许多读者所假定的那样，是关于一个交战中的自我的，而恰恰与之相反，这本书所要探讨的是和解的希望。在解读尼采的作品时，人们也常犯相似的错误。没错，它们的确是反偶像主义的颠覆之作，但随着他的创作生涯进入晚期，尼采的作品也变得越来越和缓，越来越专注于疗愈而非对抗。《荒原狼》的结局并未重复《德米安》结尾处的和解场景。哈勒尔是在一片混乱之中找到他的救赎的，如果你愿意称之为救赎的话。在某个层面上，哈勒尔完全没能在他潜意识中的"魔幻剧院"里幸福地生活下去：他纵欲滥交，吸食毒品，杀人，并持续受到自杀的诱惑。最终，他将刀子刺入了他唯一爱过的人的身体，她是一个名叫赫尔米娜的女人（赫尔米娜是黑塞的名字"赫尔曼"的女性形式）。绝大多数评论家都认为赫尔米娜只是哈利的另一重人格。哈利·哈勒尔唯一爱过的人就是他自己。

读到这里，我们显然会意识到（作者已经没法说得再明显了），这本书的主体部分其实是一个梦：其中所有的暴力、不负责任，甚至于存在危机本身都只是哈勒尔思维中的产物。这并没有削弱书中叙事的真实性，相反，它使得幻觉和清醒之间的界限本身变得可疑起来。哈勒尔关于魔幻剧院的梦境是如此生动而富有感染力，大多数人所谓的"真实世界"在它面前也黯然失色。他在全书末尾的梦境场景中表达的悔恨，以及哈勒尔从这整场磨难中得到的教训，都再真实不过了。1919 年，黑塞在一篇鲜有人知的题为《查拉图斯特拉归来》的文章中写道："如果你……在经受痛苦，如果你的身体或灵魂生了病，如果你感到恐惧，预感危险将要降临——为什么……不试着换一种方式表述这个问题，哪怕只是为了娱乐一下自己也好？你们每个人为什么不去检视一下那让你痛苦的事物是什么，它们来自哪里，难道这不是一种有趣的消遣吗？"或许，永恒轮回中最难的部分，就是主动承担起那些我们为自己也为他人制造的苦难。承担，就是去回忆、去后悔、去负责，最终去原谅，去爱。黑塞称："我知晓了查拉图斯特拉的命运，我度过了他的生活。正是这让我成了查拉图斯特拉。只有很少的人能知晓他自己的命运。只有很少的人能度过自己的生活。学会作为你自己而生活吧。"

有些人生道理是得来不易的。在杀死赫尔米娜之后，哈勒尔遇到了魔幻剧院里的角色们；他等着对方为他犯下的罪行而处死他。而实际上，在某个难得的心念坚定的时刻，他为自己将要得到极刑的这个念头而感到快慰。但他的法官们显然有不同的想法：哈勒尔没有被判处死刑，而被判处继续生活。"您该活，"他们命令哈勒尔，"您该学会笑。"这看上去似乎极为简单，但考虑到哈勒尔的心灵已然陷入的疯狂状态，对他来说活下去是个远比自杀更困难的任务。然而，他最终总结道，"活下去"正是许多人类最终所要面对的刑罚。

一位法官命令道："现在该结束激情游戏与谋杀了。您还是理智点吧！"哈勒尔咬紧了牙关，而且他有充分的理由这样做——他成年后的生活充满了激情、谋杀，和对生命的单纯情感体验的逃避。但只是稍稍抗议了几句之后，他就不仅接受了，而且真正地拥抱了生命中的种种灾难。这就是尼采所说的"amor fati"，爱命运。在《荒原狼》的最后一幕，哈勒尔觉得他"疲惫不堪，准备睡上一年"，但他瞥见了"生活棋局"的某种意义所在："我乐意再次开始下棋，再次品尝下棋的痛苦，再次为它的荒唐打寒噤，再度不止一次，还要常常地穿越我内心的地狱。我终究会把棋子游戏玩得更好。我终究能学会笑。"

笑，就是爱命运的关键。人生棋局的种种痛苦折磨还将持续下去，即使这棋局本身似乎毫无意义。抗拒或否认这些紧张和挣扎只会加剧它们的力量。生命的目的并不是让人去"紧紧把握住"它，而是要适当地松开手，以获得一种自由和解脱之感。"我们中的一些人觉得执着、不放手才让我们强大，"黑塞评论道，"但有时，放手才是强者所为。"或许我们要很久才能学会真正的笑，但它始终应是我们的目的。

尼采解释说："如果我们梦到那些被遗忘或死去已久的人，这通常标志着我们经历了一场剧烈的变化，我们之前生活于其上的土地被挖开了：死人复活，我们的古代变成了现在。"我站起身来，又拉起了卡罗尔，我们两个互相搀扶着，带领着彼此走出了群山，进入了谷地高处。我们再一次与羊群同行了，但这次我并不介意。尼采无比鄙夷这些动物；蓄养者和掠食者会喜爱它们，仅仅是因为它们的肉很美味。然而，在这些牲畜的行动中有某种桀骜不驯的东西，某种深深潜藏着的，攀爬和奔跑的本能。在某个隐秘而不被察觉的层面上，它们仍然是野性的动物，我不再想否认这一点。穿山谷而过，将我们与羊群隔在两边的那条溪流时宽时窄，我们在寻找一个合适的点横渡到对岸去。我或许能跳过去，但此时的我已经筋疲力尽了。因此我们就只是并肩蹚过了及膝深的溪水，向我们的大群旅伴走去。我们到达羊群身边的时候，我的双脚失去了知觉，而且终于被洗得干干净净。

　　一小群人聚集在冰川平原的入口处迎接归来的我们。我们无意间闯进了某个恩加丁山谷一年一度的仪式活动。每年夏天，羊群都会在菲克斯山谷的一条山脊上吃草，而到了八月中旬，它们就会被赶到山谷的另一边，直到九月底冬季降临。秋天接近尾声时，它们的假日也就结束了，需要回到它们最初出生的农场上去。羊群年复一年地重复这个循环。这群绵羊，加上我们两个，共计 961 个。我们走到人群旁停下脚步，人们正在拍照鼓掌——我没有和你开玩笑——庆祝羊群的归来。这些半野生、半驯化的动物又顺利地在山中活过了一季，而这的确是值得为之庆贺的事。我确信我只是在将自己的感受投射到它们身上，但这些绵羊看上去真的很快乐，争先恐后地拥入一个临时羊圈，在那里有人检查它们蹄子的状况，并给生病的羊做些简单的治疗。

　　如果要找一个恰当的词来形容它们的话，那应该是"欢脱"——活泼到了无法无天的程度。人们在它们身上喷上了各种颜色的标记，每几只羊共享一种颜色，但它们每一只都是特别的，而且令人惊奇地独立。一只母羊在咬某个手持自拍杆的路人的衣角。两只羊羔在以一种只可能是有意为之的方式撞向对方。一只即将长成的年轻绵羊若有所思地站在羊圈的角落，审视着面前这欢聚的一幕。另一只则故意将它的蹄子蹬在羊栏最上面的横杆上，以吸引别人的注意。还有一只毛发长而蓬乱的棕色老绵羊，似乎逃过了去年的剪毛季。它身上的毛长而杂乱地缠结着，看上去像是公羊和牧羊犬的混合体。它因为脸上的毛发过多，眼睛都陷在里面看不见了，但它看上去仍然行动自如。或许今年它会再次成功逃避剪毛，或许不会。

在此之前，我从没见过真正的牧羊人。小时候，我以为牧羊人是带领着羊群四处走动的，就像让-弗朗索瓦·米勒的油画《牧羊人归来》中那个彩衣吹笛手般的主角那样。在那幅画作中，那个家伙刚一出现，羊群就顺从地跟在他身后行进。到了青少年时代，读过尼采之后，我心目中牧羊人的意象发生了变化：变成了凡·高的《牧羊人与羊群》里那个形象——一个在愚蠢的畜群头顶挥舞着棍棒的施虐狂般的牧羊人。而事实上，真正的牧羊人和画中的大不相同。他们并不带领羊群（羊群才不会无脑跟随人），但他们也不会打它们。

牧羊人中带头的那位看上去像个小精灵，就算连着头上那顶传统式样的尖帽子，他也刚刚到我肩膀那么高。他的体重不可能超过120磅。他的身材健壮，饱经风霜考验——这点和黑塞不无相似之处，窄小而浑圆的胸腔下面直接连着两条苗条的腿，小腿肌肉结实得如雕刻出来的一般。这是华兹华斯式的小腿，从肌肉的形状就能看出其主人惯于长途行走。我确信，他的肺部一定更加令人印象深刻。两条腿支撑着一对肺，这就是他所包含的全部。

　　他先是做了一把摆渡人，把几只离群的绵羊送过了小河，而现在他一边大步走在羊群中间，一边检查绵羊的蹄子和耳朵。偶尔他发现某只羊需要治疗，就会两腿跨到它的上方，俯身伏在羊背上，两手各抓住一把羊毛，猛地一下将它的身子翻过来四脚朝天。处置过有问题的地方之后，他就松开手，绵羊起身，不带一点怨恨地继续往前走去。这是份很辛苦的工作，但牧羊人自始至终都笑呵呵的：快乐，双眼睁得圆圆的，薄薄的嘴唇得意地笑着。快到中午时，他从羊圈里出来，开了瓶啤酒，吃掉一块巨大的奶酪。这个人看上去毫无特别之处，除了小腿和脸——他的脸上简直像是在发出光来。此前不久，卡罗尔和我找到了卖苹果薄酥卷饼的地方，还搞到了两瓶啤酒。我不能理解这个容光焕发的牧羊人，但无论当时还是现在，我都对他深深着迷。他拿着奶酪走到河畔，脱下靴子，把双脚伸进了湍流之中。

　　我年轻时曾在这片地方连续徒步了多日，因此我一定也曾穿过同一条小河，但不是在同一个地方。河水冲下山谷，然后消失在那里。我回头向身后的小围场望去，看见三只羊围成一圈互相追逐，时而靠近，时而跑开，动作有些像兔子。我想起了"三兔"图案，并且有那么一瞬间感觉到了它们的永恒轮回带来的那种几乎可以称得上令人安心的和谐之感。有记载的最早的三兔图案出现在公元 5 世纪。它是在莫高窟（又称千佛洞）里被发现的，这是位于中国北方戈壁沙漠边缘的群山中的一组佛教洞窟。在这里，三兔形象意味着很多东西：复原、丰产、动态中的平静，永恒轮回。但它作为一个佛教符号，具有一个单一的、既简单又令人迷惑的意义——它表达了"是"（to be）这个动词。它就是存在本身。再或者，这些都是错误的阐释——太严肃，也太复杂了，"三兔"或许只意味着某人曾经看着动物围成一圈互相追逐，然后快乐地笑出声来。

在尼采生命的最后那些年里，他一直在信件落款处署名"狄奥尼索斯"，但就在他精神崩溃的同一天，他从都灵写了一封信给柯西玛·瓦格纳，信中写道："我是佛陀。"在他生命中的某一点上，这甚至可能是真的——尼采可能曾经历过某种开悟（enlightenment），而他的晚期作品可能就是在反复地、经常迷狂般地尝试对其进行表达。然而，黑塞却解释说："语词并不能很好地表达想法。每个词，在它被说出来之后，都会发生些许轻微的变化。变得有些扭曲，有些愚蠢"。语词要将某种流变中的体验固化下来，它试图捕捉和禁锢那永远不可捉摸之物。

黑塞既是尼采主义者也是神秘主义者，这种双重取向赋予了他一种我们大多数人都无法拥有的洞察力。实际上，我怀疑尼采本人在他生命的大多数时间里也没有获得这种洞察力。"或许你寻求得太用力了，"黑塞说，"而正因为如此，你才找不到它。"在这一生中，我始终都在努力地试图寻找着什么，直到现在还是如此。我不是佛陀，但即使是我这样的凡人，也可能偶尔在其他人身上看见他。我看见牧羊人向小河的上游走去，回到了河边摆渡人的岗位上。他在等谁呢？他闭上眼睛，一边朝太阳的方向仰起头，一边慢慢嚼着最后一口奶酪。他平静而悦人地微微笑着。我也试着闭上双眼，但只看见了更多的语词。

它们都是些好词，但仍然只是语词而已："人永远无法到达他的家，但无论在哪里，只要有友谊的道路交会之处，就会暂时让人感到似乎是在家中。"卡罗尔将叉子伸过来，叉起最后一块薄酥卷饼，轻轻地送到了我嘴里。

"我想贝卡了。"我说。卡罗尔点点头，轻吻了我。我们从刚刚坐下来吃东西的桌旁起身，将绵羊和悉达多抛在了身后。

在他精神崩溃前数日，尼采写道："我常常问自己，是不是在我生命中的所有年月里，最艰难的那些也让我受益最多。"最后，他看上去是在暗示，正是最艰难的那几年给了他机会，让他得以探索他认为是驱动了生命本身的那个命令。这个命令简单得富有欺骗性——"成为你自己"。

这就是尼采在《查拉图斯特拉如是说》中向他的读者下的命令，也是贯穿《瞧，这个人》全书的根本动机。"寻找自我"究竟意味着什么？在我一生的大部分时间里，我都认为在某个地方存在着一个"真实的自我"，一个超越了庸常的存在，位于阿尔卑斯山脉的某座高峰之上。我更愿意认为自己其实是在另外一个地方，在一个不受世俗烦扰的超越性的王国。我一直在暗中寻找这个王国，并且怨恨所有可能会妨碍我寻找它的人。

在某个层面上，也许我之所以离婚并和卡罗尔结婚，也是因为我觉得这有助于找到那个"真正的自我"，那个构成我人格基础的、恒久而固定不易的核心。我现在还无比清晰地记得与前妻的一场争吵，那天，我在最终摔门而去之前，朝她吼出的最后三个字是："放过我！"现在我知道我当时想说的是什么了："不要挡我的路。"不要妨碍我去寻找那个真正的、恒定的核心"自我"。不幸的是，根本就不存在一个恒定的核心"自我"，至少在我的世界里不存在。于是我离开了上一个家，但我始终没有找到我要找的，即使在有了卡罗尔和贝卡之后也没能找到。我找到的是某种完全不同的东西。

事实证明，"成为你自己"并不意味着去寻觅并最终找到一个"你自己"，并不意味着将"你"与其余的一切都切割开来，也不意味着去成为"你在本质上一直都是的那个人"。"自我"并非一个被动地存在于某处，有待我们前去发现的事物。相反，它是在一个持续的、积极的进程中被我们塑造出来的，这个进程就是德语动词 werden 的含义，即"成为，变成"。人之为人的恒定本质，就在于他能永远处在流变之中，总是能变成另一种样子，而这与"去到另一个地方"绝不是一回事。这可能会让一个想要寻找自我的人感到失望。你本质上所"是"的，只是这种积极、活跃的变化本身，仅此而已。这并不是一场对智慧的宏大追寻，也不是英雄的征程；它也并不需要你遁入山中。有时，再高的山也不够高，而有时你可能只需要一块奶酪，和随便哪条水流湍急的小河。

"成为你自己"常常被形容为"尼采所有令人难忘的格言中最令人难忘的一句"。它表达出了一个内在于人类自我的核心的恒久矛盾：你要么就已经是你自己了，要么就成了你自己以外的另一个人。在前一种情况里，"成为你自己"是句多余的，或是不可理解的话。而在后一种情况里，"成为你自己"似乎是要从你身上洗除一切身份的伪装。对于我这样一个习惯于以半连续的方式，从一个时刻向下一个时刻做直线型思考的人来说，这个矛盾令人恼火。这种受挫感可能是完全正当的，但我认为尼采和黑塞都在鼓励我们敢于去超越直线型的和狭窄的思维：归根结底，werden 作为一个词根的基础含义是"弯曲、旋转、变形为"，Versus（对抗）、verdict（判决）和 vortex（旋涡）都是从它衍生出来的。成为你自己需要你转身回到过去，从过去中拾起某些东西，然后带着它继续向前。它是被高度压缩了的谱系，在其中"现在"只是一个代表"过去"和"未来"相遇之处的占位符，一个转瞬即逝的，让"成为"（becoming）得以在此发生的时刻。

当徒步者进入一座山的时候，有那么一个时刻，他既不是在向上，也不是在向下，而只是"走在边缘"。在那个点上，一切发生得都极快，你完全不可能捕捉到具体发生了什么。在自我克服中也是这样，人常常没有意识到发生了什么，这个时刻就已经过去了。但事实上的确有事情发生了，即使身处其中的人对其一无所知。生活不停循环往复。人类存在并不是沿着地狱—炼狱—救赎这样的程式行进的——或者即便是的话，它也是一遍遍地重复这段路线，从一个循环马上进入下一个，而且每段循环的时间都无比短暂，以至于你从不会完全地到达。

尼采在《作为教育家的叔本华》中就隐约提及了自我克服的这种难以捉摸性："所有这一切，你现在所做的，所认为的，所渴望的——这些都不是你！"后来，他又在《瞧，这个人》

中以更为戏剧化的方式表达了这个意思："一个人要成为自己，就必须对何为自己毫无概念（To become what one is, one must not have the faintest idea of what one is）。"我从来没有完全理解过这一点，但那些让我感到自己最接近于理解了它的时刻，都是奇特、怪异、令人不安的：与卡罗尔和绵羊一起在菲克斯山谷徒步，看着我们的女儿在开满野花的山坡上舞蹈，或是在19岁时第一次迷路，而后在36岁时又迷路了一次。尼采想表达的意思可能是，想要获得自我发现，就需要推翻我们事先假定自己拥有的自知。"成为"自己，就蕴含在这种周而复始的、迷失自己—再次找到自己的循环之中。

当我们走近旅馆时，我们听见有孩子的笑声在树林间回荡。他们正在林居下方的一块空地上玩捉迷藏的游戏。贝卡从场地另一边远远看见了我们，于是向她的新朋友道别，然后跑了过来。我弯腰抓住了奔跑中的贝卡，把她抱起来放在膝头。"爸爸，"她大口喘着气说，"你身上有味道。"

我们都放声笑了起来，然后我背着她往回走。在路上，我们的脸靠得很近，她抚摸了我的后脑勺，并且随手拨了拨我的左耳垂，它被碰到时还是有些疼痛。我握住了卡罗尔的手，然后林居就出现在了眼前。"我想下来自己走。"贝卡呢喃道。我把她放到地面上，和卡罗尔一起看着她蹦蹦跳跳地跑上山坡，几乎离开了我们的视线。我们作势追了她一小段——只是为了逗趣，然后就放她自己跑回去了。她可以在山顶等我们。这会儿她可能已经自己找到了房间。

卡罗尔和我回到"美景间"的时候，门是开着的。一切都很安静。看来贝卡还在继续玩她的捉迷藏游戏。我们走进房间，用惊讶的语气大声说道："贝卡会在哪儿呢？"没人出声。通向阳台的门现在半开着，而我们在早上离开前把它锁上了。"美景间"位于旅馆的第三层楼，能从高处观赏景色是它最大的魅力。

我推开了通向阳台的走廊的门。她没有藏起来。她就在那里，一动不动地坐在被擦得光滑发亮的混凝土地面上，向西边久久凝望着，入了迷。此刻正是日落时分，夕阳落下了锡尔斯湖，落到了马洛卡山口的后面，落在了意大利。这就是一切所通向的那个终点，也是一切所来自的那个起源。

"爸爸，我们能去那边吗？"贝卡问道，伸手指向那条与湖岸平行的延伸向渐暗的暮光方向的路。

"或许下次可以，我的亲爱的。"

那是通向都灵的路。

尾声　清晨的火光

　　此时，距离我们从林居回来已经 5 个月了。我们几乎是无比顺利地重新适应了正常生活。贝卡高高兴兴地转到了新幼儿园。我们尽责地制订接下来的课程计划，圆满周密地组织学术研讨会，细致地清理浴室，买菜并吃掉它们，还收养了一只猫。我们完全可以只是被动地经历这一切——但在菲克斯山谷中度过的那最后一天，在我们此后数个星期的生活里都投下了交错的光影，直到最近，关于它的记忆还会在比较好的日子里不时浮现出来。我尝试着回想那位摆渡的牧羊人，在两餐之间吃奶酪，并且尽最大的努力去"成为"（become），而不去强迫症一般地寻觅和控制。

　　然而，现代生活并不全然适于"成为自己"这项活动：它被设计出来，就是为了以种种方式分散人的注意和消解人的活力，如尼采所指出的那样。在我们回来后的那个秋天，我再次开始在夜里感觉到荒原狼的游荡。在凡俗中看到神圣——这可能正是生活的目的所在，但我仍然没有领会到这点。我又开始吃那些粉红色小药丸，但它们似乎不像之前那么有效了。我还是会做梦，大部分时候梦到的都是巴塞尔那些忙碌的不知名的街道。在梦里我经常坐在国际清算银行——世界银行之都门前的台阶上，手里拿着一盒玻璃弹球，看着人们浪费他们最有价值的东西。而我也是那人群中的一员，大时代的一分子，也和他们一样试图从虚无中求得些什么。"你必须找到你自己的梦，"黑塞教导说，"但是没有哪个梦能够永远存在。每个梦身后都有另一个梦跟着，而人不应该紧抓着任何一个梦不放。"我从这样的梦中醒来后通常会紧紧靠在卡罗尔身上，以此安慰自己"这都会过去的"，或者在特别糟糕的夜里，到楼下厨房里喝一罐啤酒。我渴望再去一次瑞士，哪怕只是为了给巴塞尔一个挽回自己过失的机会也好。

Morganstreich，或称"清晨的火光"，是在万籁俱寂的深夜里开始的。三月里一个寒冷的日子，凌晨 4 点，在这个尼采智识上的出生地最古老的城区里，某个无名者点起了一盏灯。随后，某条幽暗的走廊里亮起了一点火光。然后又亮起一处，又一处——成千上万点小小的火焰熠熠闪耀，与巴塞尔城墙上那一百万个荧光灯泡通常发出的冷淡白光互相映照。然后，就在这一片火光之中响起了鼓声——沉重、充满感官刺激、让大地也随之震颤的鼓声，足以吵醒睡得最沉的梦游者。这是一个

　　　　　　　　　　　　　攀登尼采

巴塞尔每年冬天都会庆祝的节日，其历史长达一千年。

我年轻时就听说过这个节日。当我第一次阅读尼采的书信集时，就记得他提到过他在巴塞尔大学工作期间，每到这时就会逃到城外去，为了避开在接下来的一个星期里将要占领这座冷淡城市的喧闹聒噪。事实上，用"附体"要比"占领"更恰当。尼采逃离 Morganstreich 的时候还是个年轻人，还在从瓦格纳和"高雅艺术"精致典雅的意蕴中寻找慰藉。擂鼓声会刺激他脆弱敏感的神经，让他头痛。我一直觉得，如果尼采得以在年岁更长时，在让自己远离"文化"的虚伪，并且更全身心地认同自己作为狄奥尼索斯的一面时才加入游行队伍的话，或许他就能更多地欣赏这个节日一些。比如，当他在《瞧，这个人》中承认自己"是哲学家狄奥尼索斯的一个门徒，更喜欢成为一个萨梯，而不是成为一个圣徒"的时候。

1888 年秋天，尼采用"狄奥尼索斯"这个笔名写了九首诗。这时他的写作生涯已近尾声。这几首"狄奥尼索斯颂歌"没有多少人读过，而且即使是那些读过它们的人，也不觉得它们具有任何哲学上的重要性。它们代表着尼采在生命的最后十年彻底被黑暗吞没之前迸发出的最后一道火光。它们也符合 Morganstreich 的精神：

This flame with a whitegrey belly
这火焰有着灰白色的腹部
Flickers its greedy tongue into the cold beyond,
向寒冷的远方伸出它的贪婪之舌，

Bends its neck towards ever purer heights—

向越来越纯净的高空弯下自己的脖子——

A raised serpent of impatience:

一条急不可耐而直立的蛇：

This signal I placed before me.

我把这信号置于自己面前。

My soul is this flame,

我的灵魂本身就是这道火焰，

Insatiable for new expanses

永不餍足地探向新的地方

To blaze upward, upward in silent passion.

向上，向上燃起它静静的火光。

这首诗题为"Das Feuerzeichen"，可直译为"火的信号"，也就是人们在第一道曙光降临之前，高擎着走过巴塞尔的那种火把。在一个其他时候都很乏味的年头里，有着一段短暂的时光，整个城市都被火焰和群蛇吞没。在这位欧洲的狄奥尼索斯行将落入坟墓的时候，吸引了他的是这些力比多、力量和大地的象征。

早年的尼采大体上鄙弃生机勃勃、如痴如醉的大众生活，而偏爱智识高峰的稀薄空气——但至少在智性上，他承认大众的迷醉具有种种创造性的可能。在《悲剧的诞生》中，他写道："无论是所有原始先民和各民族的颂歌里都谈到的醉人的饮料发生作用也好，还是万物复苏、生灵欢唱的春天来临也好，总之这时狄奥尼索斯的激情苏醒了，而且随着激情的高涨，主体逐渐进入浑然忘我之境。"

　　年轻的尼采承认，拒绝给予狄奥尼索斯其应得的认可，是有些悲剧色彩的。然而，的确有一些人——尼采本人经常也是其中一员，出于"缺乏经验，或仅仅是麻木迟钝"而转身离开放纵狂舞（revelry）中令人筋疲力尽的混乱，转向某种近似于精神健康的假象，但"这些可怜人当然料想不到，倘若热烈奔放的酒神节崇拜者载歌载舞从他们身边经过，他们的所谓'健康'会显得怎样的苍白暗淡，阴森可怕"。美酒与舞蹈之神赐予人们的这种"浑然忘我"自有其美，实际上是神圣的东西。尼采知道这一点，但他却很少有机会沉浸于这种可以与其他人一起体验的纵情狂喜之中。他选择了简朴、与世隔绝和自我约束，直到这种生活方式彻底将他压垮。只有到了濒临崩溃的时候，他才开始像一个着了魔的人那样啸叫。

　　节庆刚刚开始时，巴塞尔仍然大致和我记忆中的样子一般无二：乏味，庸常。偶尔有几个街头小贩出现，贩卖着便宜的化装舞会服饰，但总的来说，这只是千万个平平无奇的日子中的一个而已。不过，到了夜幕降临之时，你就会发现平常的日子也可以摇身一变，成为某种截然不同的存在。这一夜，人们纷纷脱下他们日常佩戴的面具或称"文化人格"，戴上极尽恐怖怪异的、令人绝对无法忽视的假面。欺诈这种平日通常被人们弃绝的元素，在这里却高调张扬到了令人惊骇的程度，匿名被视作常态，并被明确强制执行。探问他人的实际身份是粗鲁的，甚至是被禁止的。随着黄昏的到来，弥漫在这座城市之上的浅薄也逐渐消散——似乎一切都变得更深、更幽暗、更虚幻，但同时也更诚实了。甚至还没有真正入夜，人们就开始像真正的人类个体那样欢笑、吼叫、做爱——也就是说，完全按照自己的意愿行事。

人们会喝一瓶酒，再喝一壶咖啡，然后再喝一瓶酒——对于任何醉酒狂欢来说这都是不可或缺的准备。街道上到处都是戴着面具的人。敲着鼓的精灵列队朝着一个声音的方向走去，那是潘神的笛声，撕裂了夜色，在鼓点上方的空气中缥缈缭绕。吹笛子的是一只头顶长角半人半羊的野兽，他带领着众多狂饮纵乐的同伴，走进已经被他们扰动了的黑夜之中。

狄奥尼索斯的养父西勒努斯也吹奏同样的一管长笛。这名萨梯在希腊神话中是个永远轻松欢快的角色，每天喝得醉醺醺地在森林中游荡嬉戏。他神秘而行踪不定，难以捉摸。当弥达斯王设法找到他，想从他口中获得生命的意义的时候，这个小恶魔反诘他：生命的真义就是从未出生过，或者如果你已经出生了，就死得越快越好。尽快出生，尽快死去。我在成年后的大部分时间里一直迷恋西勒努斯的这个虚无主义建议，却忽略了关于萨梯这种生物的最明显的一个事实：他代表着丰产和重生。尽可能快地死去——于是你就可以一次又一次地新生，像清晨的火光，或是严冬后的春天那样。存在另一种对"超人"的解读，它与完美主义或是自我形象的塑造无关：尼采希望我们死去，来为我们自己让路，这样某种不同的东西才能填补留下的空白。这样我们才能成为我们自己。

整个节日所庆祝的是死亡——安抚它，或是成为它，但在最终极的意义上是为了创造，甚至更妙，是为了再生（re-creation）。这就是西勒努斯的智慧，也是这位萨梯之所以会被选作狄奥尼索斯的监护人的原因。狄奥尼索斯是"两次出生的"，或者用一种更戏剧性的说法，重新出生的。他曾尽可能快地死去，而又一次活了过来。在某些传说里，他是宙斯和冥后珀耳塞福涅偷情生下的后代。宙斯的妻子赫拉发现了他们的关系。陷入狂怒的赫拉说服远古巨人泰坦一族追查到了这孩子的下落，将其杀死、分尸，并吃掉了他，最后只剩下了男孩的心脏。但狄奥尼索斯活了下来。

泰坦们吞食他的时候，狄奥尼索斯的身体被这些古代的巨人碾碎、吃下并消化了。宙斯后来发现了这个复仇行为，复活了他的儿子，并用闪电火将整个泰坦族从世界上抹去了。他们只留下了些许潮湿的烟尘：泰坦的身体与泥土混在一起，但其中却仍有那么一点残痕，一缕香气，属于某种神圣的东西。这是一种令人难以忘怀的混合物：不知感恩的羞耻，与创造和救赎的微弱可能性夹杂在一起。俄耳甫斯密教的传说称，宙斯将这烟尘与陶土混合，捏出了一些渺小而不完善的生物——人类。"我们的身体是狄奥尼索斯的，"新柏拉图主义哲学家奥林匹奥多罗斯解释说，"我们是他的一部分，因为我们是从吞食了他的泰坦的残骸里生出来的。"

时间流逝，黑夜也终将结束。巡游队伍走远了，太阳升了起来。所有伟大的节日都关于死亡—重生这个循环。它们是在哪里被庆祝的并不重要——复活节、万圣节、斋月、排灯节、农神节、Morganstreich，它们都有相似的意味。世间万物必须受苦，陷入黑暗，死去，然后才能重生。这不是在逃离生命，也不是从生命中暂时抽身休息，而是生命的真正实现：最终燃尽，而后如查拉图斯特拉般再次归来——"就像从阴暗的山后升起的晨曦，热烈而强壮"。

攀登尼采

尼采生平与著作年表

1844 年

10 月 15 日　弗里德里希·威廉·尼采出生。他的父母是卡尔·路德维希·尼采与弗朗西斯卡·尼采。

1849 年

7 月　尼采的父亲去世。

1858 年

尼采开始在普夫达上学。

1867 年

10 月　尼采在瑙姆堡加入一个炮兵团。

1868 年

10 月　尼采被允许从军队退伍。

1869 年

1 月　尼采申请了巴塞尔大学的教授职位。
11 月　《悲剧的诞生》出版。

1873 年

11 月　尼采写作《历史对于人生的利弊》(《不合时宜的考察》第二篇)。

1874 年

3 月—9 月　尼采写作《作为教育家的叔本华》(《不合时宜的考察》第二部)。

1876 年

2 月　尼采停止在大学教书。

7 月　尼采参加了瓦格纳的拜罗伊特音乐节。

8 月　尼采开始写作《人性的，太人性的》。

10 月　保罗·雷和尼采到索伦托与玛尔维达·冯·梅森堡同住。尼采与瓦格纳决裂。

11 月　尼采在索伦托最后一次见到瓦格纳。

1879 年

6 月　尼采来到锡尔斯—马利亚附近的圣莫里茨。

1880 年

1 月—11 月　尼采写作《朝霞》。

1881 年

7 月　尼采来到锡尔斯—马利亚。

8 月　尼采开始写作《查拉图斯特拉如是说》，提出"永恒轮回"的观念。

12 月　尼采写作《快乐的科学》。

1882 年

3 月　《快乐的科学》第四稿完成。

5 月　尼采在罗马遇见露·莎乐美。

8 月　莎乐美来到陶滕堡。《快乐的科学》出版。

9 月　露决定和雷一起走。尼采关于他们三个人去巴黎快乐生活的计划从未成真。

10 月　露、雷，和尼采在莱比锡住在一起。

11 月　露和雷离开了尼采。

1883 年

1 月 《查拉图斯特拉如是说》第一部分写作完毕。

2 月 尼采得知瓦格纳的死讯。

10 月 尼采搬到了尼斯，准备在那里过冬。

1884 年

1 月 《查拉图斯特拉如是说》第二部完工。尼采与妹妹伊丽莎白关系破裂。

7 月 尼采搬到锡尔斯－马利亚去写作《查拉图斯特拉如是说》第三部分。

12 月 尼采开始写作《查拉图斯特拉如是说》第四部分。

1885 年

5 月 伊丽莎白与著名反犹分子伯恩哈德·弗尔斯特结婚。

6 月 尼采开始写作《善恶的彼岸》。

1886 年

1 月 《善恶的彼岸》完成。

2 月 伊丽莎白和伯恩哈德启程前往巴拉圭。

6 月 尼采搬到锡尔斯－马利亚，开始写作《道德的谱系》。

1887 年

11 月 《道德的谱系》出版。

1888 年

4 月 尼采迁至都灵。

6 月 尼采前往锡尔斯－马利亚，开始写作《偶像的黄昏》。

9 月 尼采开始写作《敌基督者》。

10 月 尼采开始写作《瞧，这个人》。

1889 年

1 月 尼采在都灵的街上崩溃。

6 月 伯恩哈德·弗尔斯特自杀。

1889—1897 年

尼采在他母亲的照料下生活。

1893 年

9 月　尼采的妹妹伊丽莎白从巴拉圭回来。

1895 年

12 月　尼采的母亲签字放弃他作品的版权，于是他的全集版权落入了妹妹伊丽莎白手中。

1897 年

复活节　尼采的母亲去世。

1900 年

8 月 25 日　尼采在魏玛去世。

1901 年

11 月　保罗·雷在锡尔斯-马利亚村外坠落身亡。

参考文献和延伸阅读

弗里德里希·尼采作品

The Antichrist. Translated by Walter Kaufmann in *The Portable Nietzsche*, edited by Walter Kaufmann. New York. Viking Press, 1968.

Beyond Good and Evil. Translated by Walter Kaufmann. New York: Random House, 1966.

The Birth of Tragedy. Translated by Walter Kaufmann in *The Birth of Tragedy and The Case of Wagner*. New York: Random House, 1967.

The Case of Wagner. Translated by Walter Kaufmann in *The Birth of Tragedy and The Case of Wagner*. New York: Random House, 1967.

The Dawn of Day. Translated by John Kennedy. London: T.N. Foulis, 1911.

Ecce Homo: How One Becomes What One Is. Translated by Walter Kaufmann in *On the Genealogy of Morals and Ecce Homo.* New York: Random House, 1967.

The Gay Science, with a Prelude of Rhymes and an Appendix of Songs. Translated by Walter Kaufmann. New York: Random House, 1974.

Human, All Too Human: A Book for Free Spirits. Translated by R. J. Hollingdale. Cambridge, UK: Cambridge University Press, 1986.

Kritische Gesamtausgabe Briefwechsel. Edited by G. Colli and M. Montinari, 24 vols. in 4 parts. Berlin: Walter de Gruyter, 1975.

Nietzsche Contra Wagner. Translated by Walter Kaufmann in *The Portable Nietzsche,* edited by Walter Kaufmann. New York: Viking Press, 1968.

On the Genealogy of Morals. Translated by Walter Kaufmann and R. J. Hollingdale in *On the Genealogy of Morals and Ecce Homo.* New York: Random House, 1967.

Thus Spoke Zarathustra. Translated by Walter Kaufmann in *The Portable Nietzsche,* edited by Walter Kaufmann. New York: Viking Press, 1968.

Twilight of the Idols. Translated by Walter Kaufmann in *The Portable Nietzsche,* edited by Walter Kaufmann. New York: Viking Press, 1968.

相关文献

Adorno, Theodor, and Max Horkheimer. *Dialectic of Enlightenment: Philosophical Fragments,* 1947. Edited by G. S. Noerr. Translated by E. Jephcott. Stanford, CA: Stanford University Press, 2002.

Allison, David. *Reading the New Nietzsche.* Lanham, MD: Rowman & Littlefield, 2000.

Babich, Babette E. "Become the One You Are: On Commandments and Praise Among Friends." In *Nietzsche, Culture, and Education.* Edited by Thomas Hart. New York: Routledge, 2017.

———. *Nietzsche's Philosophy of Science.* Albany: State University of New York Press, 1994.

———. *Words in Blood, Like Flowers: Philosophy and Poetry, Music and Eros in Hölderlin, Nietzsche, and Heidegger.* Albany: State University of New York Press, 2006.

Basho, Matsuo. *The Narrow Road to the Deep North.* New York: Penguin Press, 1966.

Bataille, Georges. *On Nietzsche,* 1945. Translated by Bruce Boone. London: Athlone Press, 1992.

Benjamin, Walter. *Selected Writings.* Vol. 4. Cambridge, MA: Harvard University Press, 2003.

攀登尼采

Bishop, Paul, and R. H. Stephenson. *Friedrich Nietzsche and Weimar Classicism*. Rochester, NY: Camden House, 2005.

Blond, Lewis. *Heidegger and Nietzsche: Overcoming Metaphysics*. London: Continuum, 2011.

Chamberlain, Lesley. *Nietzsche in Turin: An Intimate Biography*. New York: Picador, 1998.

Clark, Maudemarie. *Nietzsche on Truth and Philosophy*. Cambridge, UK: Cambridge University Press, 1990.

Cohen, Jonathan R. *Science, Culture, and Free Spirit: A Study of Nietzsche's "Human, All-Too-Human."* Amherst, NY: Humanity Books/ Prometheus Books. 2010.

Conant, James. "Nietzsche's Perfectionism: A Reading of *Schopenhauer as Educator.*" In *Nietzsche's Postmoralism*. Edited by Richard Schacht. New York: Cambridge University Press, 2001.

Conway, Daniel. *Nietzsche and the Political*. New York: Routledge, 1997.

————. *Nietzsche's Dangerous Game: Philosophy in the Twilight of the Idols*. New York: Cambridge University Press, 1997.

Danto, Arthur C. *Nietzsche as Philosopher: An Original Study*. New York: Columbia University Press, 1965.

Deleuze, Gilles. *Difference and Repetition*, 1968. Translated by Paul Patton. New York: Columbia University Press, 1995.

————. *Nietzsche and Philosophy*, 1962. Translated by Hugh Tomlinson. New York: Columbia University Press, 1983.

Derrida, Jacques. *Spurs: Nietzsche's Styles*. Translated by Barbara Harlow. Chicago: University of Chicago Press, 1979.

Dostoyevsky, Fyodor. *Notes from Underground*, 1864. Translated by Richard Pevear and Larissa Volokhonsky. New York: Vintage, 1993.

Fasini, Remo. "Qui Venne Nietzsche" in *The Waldhaus Sils-Maria: English Edition*. Sils-Maria. No date.

Fink, Eugen. *Nietzsche's Philosophy*, 1960. Translated by Goetz Richter. Aldershot, UK: Avebury Press, 2003.

Geuss, Raymond. *Morality, Culture and History: Essays on German Philosophy*. Cambridge, UK: Cambridge University Press, 1999.

Gilman, Sander L., ed. *Conversations with Nietzsche: A Life in the Words of His Contemporaries*. Translated by David J. Parent. New York: Oxford University Press, 1987.

Goebel, Eckart. *Beyond Discontent: Sublimation from Goethe to Lacan*. London: Bloomsbury, 2012.

Greif, Mark. *Against Everything*. New York: Pantheon, 2016.

Gros, Frederic. *A Philosophy of Walking*. New York: Verso, 2014.

Hatab, Lawrence J. *Nietzsche's Life Sentence: Coming to Terms with Eternal Recurrence*. London: Routledge, 2005.

———. *Nietzsche's "On the Genealogy of Morality,"* Cambridge, UK: Cambridge University Press, 2008.

Hayman, Ronald. *Nietzsche, a Critical Life*. New York: Oxford University Press, 1980.

Heidegger, Martin. *Nietzsche, Vol. I: The Will to Power as Art, 1936–37*. Translated by David F. Krell. New York: Harper & Row, 1979.

———. *Nietzsche, Vol. II: The Eternal Recurrence of the Same, 1936–37*. Translated by David F. Krell. San Francisco: Harper & Row, 1984.

———. *Nietzsche, Vol. III: Will to Power as Knowledge and as Metaphysics, 1939*. Translated by Joan Stambaugh and Frank Capuzzi. San Francisco: Harper & Row, 1986.

———. *Nietzsche, Vol. IV: Nihilism, 1939*. Translated by David F. Krell. New York: Harper & Row, 1982.

Hesse, Hermann. *Siddhartha*. Translated by Joachim Neugroschel. New York: Penguin, 1999.

———. *Steppenwolf.* Translated by Basil Creighton. New York: Picador, 1963.

Higgins, Kathleen Marie. *Comic Relief: Nietzsche's Gay Science*. Oxford, UK: Oxford University Press, 1999.

———. *Nietzsche's "Zarathustra."* Philadelphia: Temple University Press, 1987.

Hollingdale, R. J. *Nietzsche*. London and New York: Routledge and Kegan Paul, 1973.

Irigaray, Luce. *Marine Lover of Friedrich Nietzsche, 1980*. Translated by Gillian C. Gill. New York: Columbia University Press, 1991.

Jameson, F. *Late Marxism: Adorno, or, The Persistence of the Dialectic*, London; New York: Verso, 1990.

Janaway, Christopher. *Beyond Selflessness: Reading Nietzsche's Genealogy*, Oxford, UK: Oxford University Press, 2007.

Jaspers, Karl. *Nietzsche: An Introduction to the Understanding of His Philosophical Activity, 1936*. Translated by Charles F. Wallraff and Frederick J. Schmitz. South Bend, IN: Regentry/Gateway, 1979.

Jung, Carl G. *Nietzsche's "Zarathustra," 1934–39*. Edited by James L. Jarrett. Princeton, NJ: Princeton University Press, 1988.

Kain, Philip J. *Nietzsche and the Horror of Existence*. Lanham, MD: Lexington Books, 2009.

Katsafanas, Paul. *Agency and the Foundations of Ethics: Nietzschean Constitutivism*. Oxford, UK: Oxford University Press, 2013.

攀登尼采

Kaufmann, Walter. *Nietzsche: Philosopher, Psychologist, Antichrist.* Princeton, NJ: Princeton University Press, 1950.

Kennedy, J. M. *Nietzsche.* New York: Haskell House, 1974.

Klossowski, Pierre. *Nietzsche and the Vicious Circle,* 1969. London: Athlone Press, 1993.

Kofman, Sarah. *Nietzsche and Metaphor,* 1972. Edited and translated by Duncan Large. London: Athlone Press; Stanford, CA: Stanford University Press, 1993.

Köhler, Joachim. *Nietzsche and Wagner: A Lesson in Subjugation.* Translated by Ronald Taylor. New Haven: Yale University Press, 1998.

Krell, David Farrell. *Postponements: Women, Sensuality, and Death in Nietzsche.* Bloomington: Indiana University Press, 1986.

Krell, David Farrell, and Donald L. Bates. *The Good European: Nietzsche's Work Sites in Word and Image.* Chicago: University of Chicago Press, 1997.

Leiter, Brian. *Routledge Guidebook to Nietzsche on Morality.* London: Routledge, 2002.

Lemm, Vanessa. *Nietzsche's Animal Philosophy: Culture, Politics and the Animality of the Human Being.* New York: Fordham University Press, 2009.

Liebert, Georges. *Nietzsche and Music.* Translated by David Pellauer and Graham Parkes. Chicago: University of Chicago Press, 2004.

Löwith, Karl. *Nietzsche's Philosophy of the Eternal Recurrence of the Same,* 1956. Translated by J. Harvey Lomax, foreword by Bernd Magnus. Berkeley: University of California Press, 1997.

Mandel, Siegfried. *Nietzsche & the Jews.* New York: Prometheus Books, 1998.

Mann, Thomas. *Doctor Faustus.* Translated by John E. Woods. New York: Knopf, 1992.

Martin, Clancy. *Love and Lies.* New York: Farrar, Straus and Giroux, 2015.

Matthiessen, Peter. *The Snow Leopard.* New York: Vintage, 2003.

May, Simon. *Nietzsche's Ethics and his War on "Morality."* Oxford, UK: Oxford University Press, 2000.

———, ed. *Nietzsche's "On the Geneaology of Morality": A Critical Guide.* Cambridge, UK: Cambridge University Press, 2011.

Mencken, H. L. *The Philosophy of Friedrich Nietzsche,* 1908. New Brunswick (U.S.) and London (UK): Transaction Publishers, 1993.

Mileck, Joseph. *Hermann Hesse: Life and Art.* London: University of California Press, 1981.

Mishima, Yukio. *Confessions of a Mask*. Translated by Meredith Weatherby. New York: New Directions, 1959.

Nehamas, Alexander. *Nietzsche: Life as Literature*. Cambridge, MA: Harvard University Press, 1985.

Oliver, Kelly. *Womanizing Nietzsche: Philosophy's Relation to the "Feminine."* New York and London: Routledge, 1995.

Parkes, Graham. *Composing the Soul: Reaches of Nietzsche's Psychology.* Chicago and London: University of Chicago Press, 1994.

Pippin, Robert B. *Nietzsche, Psychology and First Philosophy*. Chicago: University of Chicago Press, 2011.

Ratner-Rosenhagen, Jennifer. *American Nietzsche: A History of an Icon and His Ideas*. Chicago: University of Chicago Press, 2011.

Rosen, Stanley. *The Mask of Enlightenment: Nietzsche's Zarathustra*. Cambridge, UK: Cambridge University Press, 1995.

Salomé, Lou. *Nietzsche*, 1894. Edited and translated by Siegfried Mandel. Redding Ridge, CT: Black Swan Books, 1988.

Schacht, Richard. *Making Sense of Nietzsche: Reflections Timely and Untimely*. Champaign: University of Illinois Press, 1995.

———. *Nietzsche*. London: Routledge and Kegan Paul, 1983.

Shapiro, Gary. *Nietzschean Narratives*. Bloomington: Indiana University Press, 1989.

Simmel, Georg. *Schopenhauer and Nietzsche*, 1907. Translated by Helmut Loiskandle, Deena Weinstein, and Michael Weinstein. Urbana and Chicago: University of Illinois Press, 1991.

Smith, Gary, ed. *Benjamin: Philosophy, Aesthetics, History*. Chicago: University of Chicago Press, 1989.

Solnit, Rebecca. *Wanderlust: A History of Walking*. New York: Penguin, 2000.

Solomon, Robert C. *Living with Nietzsche: What the Great "Immoralist" Has to Teach Us*. Oxford, UK: Oxford University Press, 2003.

Steiner, Rudolph. *Friedrich Nietzsche: Fighter for Freedom*. New York: Herman, 1960.

Young, Julian. *Friedrich Nietzsche: A Philosophical Biography*. Cambridge, UK: Cambridge University Press, 2010.

———. *Nietzsche's Philosophy of Art*. Cambridge, UK: Cambridge University Press, 1992.

———. *Nietzsche's Philosophy of Religion*. Cambridge, UK: Cambridge University Press, 2006.

译名对照表

Adrian Leverkühn 阿德里安·莱韦屈恩（小说人物）

Adirondacks Mountain 阿迪朗达克山

Alain de Botton 阿兰·德波顿

Albert Ziegler 阿尔伯特·齐格勒

Andeer 安德瓦

Apollo 阿波罗

Augustus of Primo Porta 第一门的奥古斯都像

Autenrieth 奥腾里特

Bad Boll 巴特博尔

Bad Ragaz 巴德拉加兹

Becoming in Dissolution《在解体中生成》

Bernhard Förster 伯恩哈德·弗尔斯特

Beyond Good and Evil《善恶的彼岸》

Caesar Augustus 奥古斯都恺撒

Charnadüra Gorge 沙尔纳迪拉河谷

Chur 库尔

Constantine 君士坦丁

Cosima von Bülow 柯西玛·冯·布罗

Dan Conway 丹·康威

David Hume 大卫·休谟

Demian《德米安》

Dionysus 狄奥尼索斯

Doctor Faustus《浮士德博士》

Ecce Homo《瞧，这个人》

Ella Lyman Cabot 埃拉·莱曼·卡博特

Emile Sinclair 埃米尔·辛克莱尔

Empedocles 恩培多克勒

Engadine 恩加丁山谷

Erwin Rohde 埃尔温·罗德

Escher 埃舍尔

Eugenie Kolb 欧金妮·柯布

Everest 珠穆朗玛峰

Friedrich Hölderlin 弗里德里希·荷尔德林

Gaius Octavius 盖乌斯·屋大维

Georg Lukács 格奥尔格·卢卡奇

Piz Fora 弗拉峰

Piz Platta 普拉塔峰

Piz Tremoggia 特莫吉亚峰

Proteus 普罗透斯

Ralph Waldo Emerson 拉尔夫·沃尔多·爱默生

Raskolnikov 拉斯柯尔尼科夫

Regine Olson 雷吉娜·奥尔森

Remo Fasani 雷默·法萨尼

Richard Wagner 理查德·瓦格纳

San Bernardino Pass 圣贝纳迪诺山口

Saskatchewan 萨斯喀彻温

Schönburg 美丽堡

Silenus 西勒努斯

Sils-Maria 锡尔斯-马利亚

Silvaplana 席尔瓦普拉纳

skepsis 怀疑精神

Sorrento 索伦托

Splügen 施普吕根

St.Moritz 圣莫里茨

Stefan Zweig 斯特凡·茨威格

Steppenwolf《荒原狼》

Swiss Alpine Club 瑞士阿尔卑斯登山俱乐部

Tamina Gorge 塔米纳溪谷

The Antichrist《敌基督者》

The Birth of Tragedy《悲剧的诞生》

The Courage to Be《存在的勇气》

Theodor Adorno 西奥多·阿多诺

Thomas Mann 托马斯·曼

Thus Spoke Zarathustra《查拉图斯特拉如是说》

Thusis 图斯易思

Tribschen 特里布申

Tristan and Isolde《特里斯坦和伊索尔德》

Twilight of the Idols《偶像的黄昏》

Untimely Meditations《不合时宜的考察》

Urs Kienberger 乌尔斯·金伯格

Valchiavenna 基亚文纳谷

Val Fedoz 菲多茨山谷

Val Fex 菲克斯山谷

van Gogh 凡·高

Waldhaus 林居

Walter Benjamin 瓦尔特·本雅明

Walter Kaufmann 瓦尔特·考夫曼

Welte-Mignon 怀特—梅乔恩

White Mountains 白山

Will to Power 权力意志

William James 威廉·詹姆斯

Zarathustra's Return《查拉图斯特拉归来》

致 谢

　　这本书，是《美国哲学：一个爱情故事》(*American Philosophy: A Love Story*）的姊妹篇。《美国哲学》在 2016 年出版，马克·格雷夫评论它说："在这里，超越性意义和神秘主义的重负，从神灵转移到了友伴式的亲密婚姻之上（就像在我们这个世界其他所有地方所发生的那样）。这对亲密生活来说，似乎是个沉重到残酷的负担。"他是对的。这一观察——如此敏锐，如此令人不安——就是我写作本书的驱动力之一。

　　我要感谢敦促我动笔，并在本书写作过程中一直鼓励我的克兰西·马丁。最开始我们计划两个人一起写这本书，并且在很多意义上，我都后悔我们最后没这么做。但克兰西慷慨而明智地建议我独自前行，或者说，只与卡罗尔和贝卡同行。这是个正确的选择。但他的身影仍然暗藏在这部书稿的字里行间。我们关于父职、爱情、伴侣和欺骗的讨论渗透在整本书中间，有时以我尚不知晓或是不愿承认的方式存在。距离我上一次读尼采已经很久了，而克兰西就成了我重新认识他的引路人。

我还要感谢丹尼尔·康威和道格拉斯·安德森。没有他们的支持，我的第一次瑞士之旅就无法成行，我也不会成为哲学家，或是完成大学学业。他们至今仍然是一个学生可以期待遇上的最好的老师。后来我又得到过许多老师和前辈的指引，从《美国哲学：一个爱情故事》到现在这本书，他们是詹妮弗·莱特纳-罗森哈根、梅根·马歇尔、菲利普·基彻、安德雷·杜波斯三世、帕特丽霞·梅尔·斯派克斯、莉迪亚·莫兰、内森·格雷泽、马克·约翰逊、克里斯·利顿、玛丽·麦加斯、约翰·胡森、戈登·马利诺、迈克尔·拉博萨、惠特利·考夫曼和维克多·凯斯特鲍姆，以及其他许多人。我受惠于詹姆斯·科南特关于尼采的完美主义的洞见（他激励你努力接近"你尚未成为，但可以成为的那个自己"）和内哈马斯对尼采的解读，尤其是他对叙事、自传和哲学之间关系的阐释。内哈马斯正确地提出，"成为你自己"的命令，用他的话说，是"尼采所有扰人心神的格言中最令人难以摆脱的一句"。朱利安·杨的尼采传记和巴贝特·巴比奇的著作《文如花，以血书》（*Words in Blood, Like Flowers*）也是不可或缺的。

我感激那些支持卡罗尔、贝卡和我的亲密好友们：爱丽丝·弗莱、斯科特·戴维森和安·德·索绪尔·戴维森、苔丝·蒲伯和肯·蒲伯、阿米莉娅·沃茨、何塞·门多萨、苏珊妮·斯科利尔、苏伯利娜·史密斯和戴维·史密斯、彼得·艾丁格（他是第一个通读了书稿的人）、尼克·普佩克、吉·朴（早在我第一次前往瑞士之前的好几年，他就曾与我一道，和尼采同行过了）、艾米莉·斯托和珍·麦克维尼。玛丽安娜·亚历山德里读过这本书的前后几个版本，并让我意识到了"爱的条件"（love's conditions）这个说法，我之前从未思考过它，而从此之后再也不会忘记它。另一位朋友罗美尔·沙玛也值得在这里特别提及。在我的第一次欧洲之旅中，罗美尔曾短暂地做过我的旅伴。我离开锡尔斯-马利亚之后，他和我用数日时间一起全程徒步穿过了意大利和法国，没有借助任何交通工具。我想，我们最后还能活着回到家里真是幸运。

多位编辑曾在写作过程中帮助我调整结构、打磨文字。他们是简·塔玛林、亚历克斯·卡夫卡、彼得·卡塔帕诺、亚历克斯·金斯伯里、萨姆·德莱塞、杰西·巴伦、约翰·奈特、派罗·杨普、肯·巴顿和菲尔·马利诺。我还要感谢我的文学经纪人马库斯·霍夫曼对这个写作项目的支持，他帮助锤炼了我的语言和思考。他是这本书最初几稿的一个敏锐的读者，而且他有一种特异的能力，能不动声色、潜移默化地引导你。当然，本书最仔细也是最严格的读者，非卡罗尔·海伊莫属。谢谢你们。

我31岁的时候，曾去法劳·斯特劳斯·吉罗出版公司（FSG）和伊莲·史密斯谈过《美国哲学：一个爱情故事》的初步写作计划。当时我对出版业了解尚浅，不知道自己本该对这次会面感到诚惶诚恐的。在那次交谈的最后，她说她会"再考虑"这个项目并与她的同事们讨论。我确信，要是她后来没回电话给我，鼓励我写作《美国哲学》和这本关于尼采的书的话，我可能也就让这事不了了之了。我深深感激伊莲和FSG给了我出版这些书的机会，并在我写作期间持续提供协助。我想要感谢杰克逊·霍华德、蕾切尔·韦尼克和玛克辛·巴托杰出的编辑工作。

我要感谢我的母亲贝基·卡格和我的哥哥马特。在很多方面，我和赫尔曼·黑塞并不相似，但我心里清楚，小时候的我是个很不让人省心的孩子，而多亏了他们的照顾，我才顺利长到成年，并没被送到别处寄养。我们这个不断壮大的大家庭——布莱恩、凯伦、杰里米、詹姆斯、所罗门、弗洛拉、艾莉、马特、卡琳、戴维、塔利——持续地、幸福地提醒着我，生活的脚步是哲学追不上的。

卡罗尔和贝卡，我在这次旅行中，以及在生命的其他一切遭际中的旅伴：我要感谢你们不计较我偶尔会戴上的那些面具而仍然爱我——又或许，正因为这些面具而爱我。我对你们两个的爱，远超语言所能表达。

© 民主与建设出版社，2021

图书在版编目（CIP）数据

攀登尼采 /（美）约翰·卡格（John Kaag）著 ; 刘
漪译 . — 北京 : 民主与建设出版社，2021.12
书名原文：Hiking with Nietzsche
ISBN 978-7-5139-3709-2

Ⅰ . ①攀… Ⅱ . ①约… ②刘… Ⅲ . ①尼采
(Nietzsche, Friedrich Wilhelm 1844-1900) —哲学思想—
研究 Ⅳ . ① B516.47

中国版本图书馆 CIP 数据核字 (2021) 第 224396 号

著作权登记号 图字 : 01-2021-6860

攀登尼采
PANDENG NICAI

著　　者	[美]约翰·卡格	
译　　者	刘　漪	
责任编辑	王　颂	
特邀编辑	张　卉	
出版发行	民主与建设出版社有限责任公司	
电　　话	（010）59417747　59419778	
社　　址	北京市海淀区西三环中路 10 号望海楼 E 座 7 层	
邮　　编	100142	
印　　刷	山东新华印务有限公司	
版　　次	2021 年 12 月第 1 版	
印　　次	2021 年 12 月第 1 次印刷	
开　　本	850 毫米 ×1168 毫米　　1/32	
印　　张	8.25	
字　　数	163 千字	
书　　号	ISBN 978-7-5139-3709-2	
定　　价	58.00 元	

注 : 如有印、装质量问题，请与出版社联系。